煩惱是因為不夠愛自己

✦只要再「自我中心」一點，就能過得更好！……………前言

總覺得，周遭圍繞著我們的環境變得愈發難以生存，那些五花八門的煩惱也變得深刻且沉重，感覺似乎愈來愈嚴重了。

從「難以抗拒的煩惱」，到那些令人困在死循環中進退不得的煩惱、看似完全解決不了的煩惱，以及複雜交錯、混亂得令人全然不知從何下手解決的煩惱等等。

只不過，這些煩惱中的大部分，其實都是相當單純、無足輕重、或是可以

輕易解開的問題。

要解決這些煩惱，乍看之下十分困難。可以說，源頭在於人們產生了一種「難以抗拒煩惱的癮頭」。

這種「煩惱成癮」，其實是一種「思考成癮」。

- 太在意周遭
- 無意間壓抑了自己的情緒
- 以對方為優先，對自己的心情視若無睹
- 不知不覺被「不得不這麼做」給綁得死死的

因此，才會盡是想東想西，滿腦子想著「是否毫無解決辦法」，苦惱著「搞不好沒辦法從現在的痛苦中脫身了」，而不是實際去行動。

這正是一種思考被桎梏的狀態。

一旦深陷這種思維之中，你就會在「介意其他人」的狀態下慢慢陷入苦戰，煩惱也會愈來愈多。

這時候，反倒是以自己為中心，選擇能滿足自己的感受或情感的選項來行動，才能讓事情更順利。比起去擔心對方怎麼想，以自己的感受或情感為優先，反而可以促進雙方關係的發展。

這種做法，絕對和「唯我獨尊」不一樣。

如同我將於本書正文中提到的詳細內容所言，「自我中心」也能更早發現並處理煩惱本身，因此或許可以在煩惱愈滾愈大前便予以解決。另外，從結果上來說，還能夠教育那些跟自己相處的人。

綜上所述，採取「自我中心心理學」的解決方案，會帶來一石二鳥、三鳥的好結果，走向「甘盡甘來」的人生。

即使一點點也好，我由衷希望本書可以對諸位為「煩惱」所困的讀者有所助益。

石原加受子

煩惱，是因為不夠愛自己！ 目錄

第1章

為自己打造一個不會再為「煩惱」而苦的心吧

……只要愛「我自己」就行了

第2章

透過「自我中心」，逐一消滅惱人煩憂
……只要讓「我自己」開心就行了

第3章

解決之道，就沉睡在你的不安與恐懼裡

……只要認同「我自己」就行了

第4章

不要太努力，人際關係反而漸入佳境

……只要原諒「我自己」就行了

第5章

七堂課，充實我的「此時此刻」
……只要讓「我自己」幸福就行了

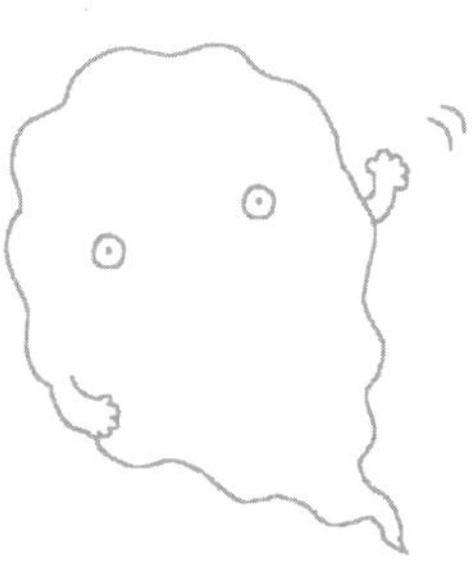

【日文版工作人員】
書籍設計・插畫
石村紗貴子

第 1 章

為自己打造一個不會再為「煩惱」而苦的心吧

只要愛「我自己」就行了

1 想為內心的悶悶不樂做點什麼！

痛苦的記憶全都源源不絕地冒出來

「你目前有什麼樣的煩惱呢？」

當我對初次來到我的講座的人提出這個問題時，有不少人會回答：

「唔……我的煩惱實在太多了，不知該從何說起。」

那些傷害自己的人、在職場中遇到的那個人、或是自己的親人、戀人……

腦海裡浮現出這些人的面孔。

「這時候也是、那時候也是。對了，說起來，還曾經有過那樣的事。還有這種事也發生過……。」

回過神來，才發現腦中塞滿一大堆煩惱！

愈是深陷煩惱之中的人、愈是忍耐壓抑的人，就愈會不斷接連想起至今為止的種種辛酸痛苦而不可自拔。

因為實在太多煩憂了，完全不曉得該從哪裡下手，所以也有人會變得絕望，並告訴我：「我的煩惱終究不可能被解決。」

為什麼一顆心總是懸在「對方」身上!?

如前所述，在回憶你的煩惱或其原因時，你是以什麼樣的方式來回想呢？

舉例來說，這裡有一個珠寶盒。

裡頭裝著的許多項鍊、手環和戒指，它們分別是成為你煩惱源頭的各種經驗。

假如將這些東西隨便丟進珠寶盒內，鏈子和金屬零件就會纏在一起，對吧？這些糾纏不清的東西，便是你的情感或感受。

當人們完全不願去接觸那些已經結束的事情時，也就會有不少人被自己的情緒塞得滿滿的了。

但如此一來，好幾件事全都混在一起，就算想要解開這些纏繞成團的情感或感受，也沒辦法順利進行。

特別是那些盡是注意他人言行舉止的人更要注意。

「**那個人**到底是在想什麼，才會說出那種話呢？」

「每次都這樣，所以為什麼**這些人**老是在抱怨啊？」

「明明我都這麼努力了……究竟要怎麼做，**她**才會滿意呢？」

「又吵架了。是不是因為**他**故意要跟我唱反調？」

像這樣，一旦被對方困住，就絕對無法解決煩憂。

2 這種「內心傾向」是煩惱的源頭

假如將想到的事情寫下來……

那麼，我們現在稍微重新回顧一下過去看看。

至今為止，你都在為怎樣的問題而煩心？又或是，你現在正在煩惱著什麼？

「那時候的事實在是太令我痛苦了，我不想再回想起來」，像這樣嚴重的事，我並不打算勉強你去觸碰。

只要是日常生活中那種真的很輕微的煩惱就夠了。

比如說，假設你現在正因與工作上的同事之間的人際關係而煩憂。該名同事告訴你「這工作可以不用現在做吧」，讓你感覺有點不爽。

但即使如此，你也是一臉什麼事都沒發生的表情回答：

「喔喔，這樣啊，我知道了，那我晚點再做。」

與此同時你卻是一肚子火，心裡罵那位同事，說**「每次都對我的工作指指點點，你是想否定我本身吧」**。

怎麼樣，這個畫面相當具體吧。

可以的話，就像這樣試著具體回憶起一個場景。同時也希望你針對這些具體場面，盡可能用條列的方式寫下它的細節。

關鍵是，去「具體寫下」一個畫面。

眾多煩憂的原因只有一個！

譬如先前我們所提到的女性，她：

- 休假時被父親唸「你房間這麼亂，趕快整理整理」，雖然不高興，卻還

是默默收拾乾淨

• 男朋友打電話來說「因為工作的關係，我們不能碰面了」。儘管心裡很氣，覺得「他又放我鴿子」，但卻只回他說「好吧，我知道了」

• 朋友約自己去看電影，即使對那部電影不感興趣，但還是答應對方的邀約

上述所有問題，不是都有著類似的模式嗎？

沒錯，看起來相似也很正常。

在內心懷抱著不滿的同時，也依然沉默地遷就對方——因為這就是她的「行為模式」。

你一直深信自己擁有許多難以解決的煩惱，不過如果像這個例子一樣，重新確認那些你寫下的眾多煩心事的話——如何？

其實，你一定會注意到，煩惱是由自己所具備的某種行為模式而生。

用更「自我中心」的方式去想想看

會這樣全部都是「那個人的錯」？

「咦？你是說，煩惱是自己造成的嗎？」

沒錯，就是這樣。

我們用前面的例子來考慮看看。

哪種言行模式可以被推測出來呢？

這時希望你去著重的，絕對不是對方的言行舉止，而是**「你自己的行為模式」**。

「啊？但是將意見強加於人的是那位同事吧，所以難道不是他的錯嗎？」

你或許會這麼想吧。

像這樣把目光放在「對方的言行」上的做法，在「自我中心心理學」上稱為**「以他人為中心」**。

「改變自己」是最快的捷徑

一旦將著眼點放在同事身上，的確，這種問題可說是因為同事沒有同理心所引起的。

只不過，在你們之間塑造出這種關係的人，難道只有這名同事而已嗎？不是這樣的。

以這件案例來說，與貌似強硬的同事相對的，還有一名「內心不滿，卻仍沉默順從的自己」。

而且那個自己，還好像什麼事都沒發生似的一臉不介意。

也就是說，這裡有一個明明受了傷，但卻**「假裝沒受傷的自己」**。

如果無視自己的心情……

對你來說，這件事難道不是比去在意別人的事還更重要嗎？

還有，如果說是因你的行為模式而使問題發生的話，又該怎麼辦？不管對象是誰、不管你在哪裡，諸如此類的事都有可能再度發生。

「就算換了工作環境，也一樣會發生相同的事。我運氣可真差啊。」

「我以前也曾因人際關係而發生爭執……現在又遇到同類型的人了，好困擾。」

你有沒有聽過類似這樣的言論呢？就是這麼回事。

這樣的話，你不覺得解決煩惱的捷徑，是**為了自己努力成長，而非尋求他人的改變**嗎？

這就是**「自我中心」**的思想。

而且，正因為是培養自己本身，所以才有培養的價值啊。

4 ✦ 「感覺」比「思考」更能讓事情順利發展

「應該這樣就好了吧？」的迷茫

如上所述，具體且細緻地觀察某個場景，就能對自己的行為模式初見端倪。解決煩惱的突破點就在這裡。

「不過，雖然我也有人際關係方面的困擾，但就像決定未來發展或職業的時候一樣，有時候也有因個人問題而產生的煩惱吧？」

那是什麼樣的煩惱呢？

「比如說啊，我不知道自己未來到底想做什麼。以前讀書升學時同樣如此。找到工作的時候，也是在想『應該這樣就好了吧』、『應該不會有更適合自己的工作了』之類的，煩惱得要命。

再往小一點來說，像是『今天中午要吃什麼』，這種小事也會讓我想個老半天，遲遲無法下決定。我就算聽到『想吃什麼』，腦海裡也不會浮現任何想吃的東西。」

常常有人這麼向我諮詢。

假如你現在正像這樣煩惱著，那麼無論你多想知道自己的心裡在想什麼，也不會兩眼炯炯有神地做抉擇，說出「啊！我就是想做這種工作！」吧。

亦或是，你應該也不會打從心底湧現這種「哇，我現在超餓的。這個這個，我想吃這個！」的進食欲望吧。

這正是因為，**「應該這樣就好了吧」這句由你自己說出口的迷茫話語，讓你迷失了自己。**

人際關係以外的煩惱，其根本都如出一轍

「這樣決定就可以了嗎？」

「難道沒有其他更多選項了嗎？」

「對我來說，哪一個比較好呢？」

「這個選擇是正確的嗎？」

目前，在將這類言論訴諸於口時，你有什麼感覺？

想必內心早就塞滿了「迷茫」的情緒吧。

這也是迷失自己的人獨特的「思考模式」。

「老是在相同問題打轉」的人，總是會這麼想。

只不過，當你像這樣在腦中喃喃抱怨時，有注意到**「自己的感受或情感」**嗎？

「哈？情感？」現在是不是有人心裡冒出了各式各樣的問號呢？

如果是這樣的話，恐怕你並未留意自己的感受或情感喔。

你是否真的被「情感準則」所承認？

比如說，「對我而言，哪個選項比較好？」這類內心的喃喃自語是一種「思考」，對吧。

而「我想做這件事！（或：不想做！）」則是「情感」。

若把這兩句話大聲唸出來，應該就能直接感受到它們的差異。

你正「打算」讓自己做出適當的判斷。

但是，**就這樣讓自己的心情或感情逼得走投無路的話，便無法做出適切的判斷**。這是因為，你的「情感」在抗拒它。

即使想靠理性思考來決定，在情感上也無法接受。無論再怎麼想做出正確的判斷，我們所有人都必須讓自己的感情接受我們的決定，否則就動彈不得。

每當迷茫時，就去仰仗「我的感受」

我的情感
- 想做
- 不想做

我的思考
- 做了會比較好
- 哪一個比較好

可以接受

情感上抗拒
而不能接受

沒注意到自己的感情。這正是使你走不出死循環的元兇之一。

5

「可以讓『我』滿足！」最簡單的訣竅

不想再繼續產生這些「沒意義的煩惱」了！

「這對我來說是對的吧？應該沒搞錯吧？」

「這是好事還是壞事？」

「對我的未來發展來說，哪個選項比較好？」

「我該選擇往哪條路走？」

「選哪一個才更適當呢？」

在你為各式各樣的問題煩惱時，是否會以這些事物作為抉擇基準，來決定事情走向呢？

假使你會這麼做的話，那現在就讓你的腦袋和內心煥然一新吧！

身邊的人或許會這麼說：

「你在迷茫個什麼勁啊？這不是很好的條件嗎？一直以來你都過得很順利，所以這樣不就夠了？要是這種小事也要在那邊煩東煩西的，那就沒完沒了啦。」

但是，你沒必要去聽這種一般常識的意見。

一旦忽略自己的心情，反而去在意人們的言行舉止，就會平白增加一些沒意義的煩憂。

試著用更簡單、更單純的方式思考吧。

你所做的選擇，只要最後能夠讓你因此滿足，那麼不管誰說了什麼，對你而言這就是適合的選擇。

反過來說，你的選擇若是使你不滿意，那不管誰說了什麼，對你來說都是不恰當的選擇。

現在的你需要的，是這些！

更「自我中心」一點，以「我的感受、情感、以及意志」作為基準。

把這當作一條法則吧。堅信不疑地說出口——只要這樣就夠了。

用「想做」、「想要」、「喜歡」充實每一天

「哇！我想做這件事！」

「我之前想要這個！」

「哇，我超喜歡這個顏色！」

「沒錯，在做這件事時，是我最開心的時候！」

「只要跟你在一起，我就非常幸福了！」

當親口說出這類台詞時，你的心情如何？

它是否觸動了你的心弦？

喜歡、最喜歡、心情好、感覺對、最棒。

快樂、開心、幸福、愛。

好滿足、鬆一口氣、內心變得輕鬆。

上述這些全部都是一種情感。

這些正面情緒，會使你打從心底認同那些讓你產生這種感受的事情。

換言之，這就是你「愛著自己」的一種狀態。

但是，在你陷入煩惱的時候，就並非如此了。

在煩心的時候，自己便會從這種狀態脫離出來。

若是你忽視自己的感受或情感，去做那些你不想做的事時，會感覺到什麼呢？

辛勞、痛苦、悲傷、疲勞……。

這就是煩惱的根源。在心裡，你有著各式各樣的想法，與此同時卻又忍耐著。

也就是說，這是你「沒有愛著自己的模樣」。

如果從這個角度看你的煩惱，你會發現，其實煩惱可說是「在我不愛我自己時出現」的東西。

直截了當地說，在自我中心心理學上認為——**「煩惱，是因為不夠愛自己」**。

6

你「喜歡」還是「討厭」煩惱？

明明是想變得「更快樂」、「更幸福」的啊……

很多人都想要解決煩憂，渴望變得幸福。

「我想擺脫煩惱，想要快活，想變幸福。希望可以把自己的人生活得更積極生動」之類的，想必你深信自己是這麼想的吧。

「嗯，嗯？『是這麼想的』？你說我『深信』如此，這是什麼意思？這種說法聽起來好像是在說，『**我實際上並不想過得幸福**』似的……」

要這麼解釋也沒錯。

身為筆者的我，真誠希望各位可以輕易掌控自己的煩惱，所以常常會採用這種說法：

「大家都是因為喜歡煩惱才會這樣喔。」

我不是在嘲笑你，也沒有要把你當笨蛋的意思。只要你繼續讀下去，應該就能對這件事有所「感應」。

「喜歡煩惱」，到底是什麼意思呢？

偶爾，我會這麼問來諮詢的人：

「假如煩惱消失了，你覺得你會變成什麼樣子？」

這時候，大部分的人都會這樣回答：

「我會開心工作，跟所有人都相處愉快。生氣蓬勃地做自己想做的事，幹勁十足地投入工作。然後被任命負責大型專案，並且有信心把它做好。」

「你認為只要解決了煩惱，就能做到這些事情嗎？」

「嗯，我覺得我辦得到。」

「那麼，就你現在的職場、或是目前讓你困擾的對象、男女朋友和朋友而言，你可以想像得出這個畫面嗎？」

「這個……好像不行，感覺不對。」

這才是真正的心聲。

●●● 總覺得煩惱沒了會很「可怕」!?

事實上，這樣的人可說是打從心底「害怕解決煩惱」，或者說「害怕解決煩惱」才是這種人內心深處的想法，因為他們在無意識中覺得**「煩惱被解決了才糟糕」**。

「唔……好像懂了，又好像不太懂……。」

那我們就試著把先前的對話用這種方式改寫看看吧：

- **不得不**拿出幹勁，努力投入工作，並且樂在其中才行
- **不得不**跟所有人都和氣相處，開朗愉快地交際應酬才行
- **不得不**保持熱情，生氣蓬勃地過生活才行

• **不得不**找到有價值的事物，然後潛心沈浸其中才行
• **不得不**充滿自信地參與大型專案，取得上司信賴，而且只許成功不許失敗才行

怎麼樣，在感到鬱悶或煩惱的時候，讀到這樣的內容會有什麼感受呢？

「哇！我愈來愈有信心了，感覺很有幹勁！」

不可能會有這種感想對吧。反而是會下意識產生這種恐懼感——

「啊——我受不了了。一點都不想思考，好想逃離這一切。」

儘管如此，這類型的人還是會在煩惱解決時無意識地想，「我必須是完美的，這些事我一定得做到才可以」。

明明真正的自己「並不希望那樣」，卻仍深信那是「自己的理想生活」。

話說回來，你不覺得將「成為一個自己也不想成為的自己」與「解決了煩惱的自己」劃上等號，是一件很奇怪的事嗎？

而且，你的潛意識正在發出這樣的訊息：

「要是解決了煩惱，就會有這些『非做不可』的事嗎？啊……好痛苦。若是如此，還不如繼續煩惱下去呢。」

「害怕解決煩惱」，就是這種感覺。

7 真正的我，到底想做什麼？

無論何時「潛意識」都是你的良伴

一旦從潛意識的角度來看待你所擁有的煩惱，就會像這樣，發現所謂的「有煩惱」的狀態，是你下意識無所不用其極地保護自己免於「自身的各種恐懼」，實現「你潛意識的願望」。

舉個例，假設你正在煩惱自己**「無法打進大家的圈子裡」**好了。

羨慕那些在職場中會跟大家一起吃飯，休息時間聊天打屁，看起來很開心的人。在私交上，也沒有可以稱為摯友的人。

你責備這個「其實很想跟大家融洽相處，卻連這也辦不到的自己」。有時候，你感覺自己好像被排擠了，一旦你察覺此事，甚至還會屢屢去怪罪周遭的人。

這時的你，在表意識上想的是**「明明我想跟大家融洽相處」**。

正確來說，其實你是自以為自己「想跟大家融洽相處」。

而潛意識的你卻不這麼想。

你真正想的是，雖然「想要處好關係」，但卻覺得「害怕人群」。

以你所擁有的真實情感的層面來說，是**「因為害怕人群，所以希望人們不要接近自己」**。這種「恐懼」，這種在你的感情層面上所抱持的真實感受，都是實實在在的。

「咦？可是我很寂寞，所以我真的很想跟別人和睦相處啊！」

嗯，也許如此。

那麼，假如現在鄰居向你打招呼，你會怎麼做？

「我也會很普通地回應他。」

這種事你是做得到的吧？

「那當然。」

那接下來，這個人停住腳步，不只跟你打招呼，還向你搭話了，你怎麼辦？

「就跟他聊天。」

到此為止，應該都能做得很好吧。

只要這麼做，就能看到解決問題的關鍵

好，那你們會聊到什麼時候？

如果話題中斷，你又該如何是好？

當你開始覺得這樣閒聊很煩、很累、很辛苦的時候，你又會怎麼做呢？

就算你已經不想再聊下去了，也沒辦法打斷並拒絕對方的談興。你們聊天的這段時間，痛苦得讓你難以忍受。

明天也會遇到這個人。

後天、大後天也會，以後都會……。

你開始覺得，這種令你窒息的關係和時間好像會永遠持續下去。

你的潛意識比你想像的還要更聰明伶俐又有能力，它的潛能是無限大的，所以它當然可以輕易預見你的未來。

當你向對方打招呼，停下腳步，演變成「在點頭問好之上的關係」時，它就知道你會有什麼下場。

你對此感到**「恐懼」**。

「要是這樣，還不如一開始就不要接近別人比較好」你滿腦子這麼想。事實上，用盡各種手段遠離人群的，或許就是你自己也說不定。

即使你的表意識想著「要處好關係」，但潛意識反而更了解你，並下定決心要保護你自己。

8 今後「我的心」就由「我自己」守護！

煩惱是「請更珍惜自己」的訊號

這樣一來就會發現，煩惱其實可說是為守護自己而產生，只是你的表意識並未注意到這一點。

換句話說，**「煩惱是為了要保護我才出現的，也就是因愛而生。」**

所以在自我中心心理學中，煩惱被認為是潛意識傳來的一種「不夠愛自己」的訊號。

因此，那些深陷煩惱不可自拔的人，就意味著他們有多麼不愛自己。

不愛自己，代表他們又讓自己遍體鱗傷，還任由那些傷口殘留在自己心中吧。

以前述「我恐懼與人相處」的案例來說，你認為他「不夠愛自己的地方」在哪裡呢？

「……」

如果你像這樣，沒有辦法馬上回答的話，表示現在的你果然還是不夠愛自己。

那麼，哪裡才是「不夠愛自己的地方」呢？

答案是，在去思考「要跟大家融洽相處」之前，沒有先考慮自己的心情。你對此置之不理，這便是關鍵。

「與人相處很恐怖」，或是「跟人對談很痛苦」。

這些你真正的心情被你無視了，這就是你「不夠愛自己的地方」。

只要「愈來愈愛自己」，煩惱就會煙消雲散!?

那以這個案例來說，「愛自己」指的又是什麼呢？「我害怕與人相處。跟別人聊天會讓我痛苦。」像這樣承認自己的心情，就是愛自己的表現，也就是去珍惜自己的那種心情。

當然，也包含「想和睦相處」的情緒在內。

只不過，這種「想和睦相處」的感受，要在珍惜自己心情之後再說。

為了「愛自己」，你得**高高興興地達成這兩項願望**才是。

首先，「與人交談很痛苦」，為了珍視自己的這種心情，所以「我不會特地停下腳步去聊天」。

因為也要愛著自己「想融洽相處」的心情，所以「我只要打招呼就好」。

發自內心，讓自己心情舒暢地定下這兩項決定。

這就是愛自己的表現。

像這樣，只要一有煩惱，就明白**自己哪裡不夠愛自己**。

如果沒有煩憂，甚至連如何愛自己的提示都無法知曉。

為了讓自己明白這些，潛意識便透過煩惱的形態，向你傳達「為了愛我自己而生的訊息」——「會煩惱是因為我不夠愛自己。只要我愛自己，煩惱就會煙消雲散。」

然而，對於「愛自己的方法」，具體上你應該還有很多不了解的地方吧。

不過，這些只要從現在開始學習就好。

如果像這樣思考的話，你難道不會更想多愛自己一點嗎？

難道不會開始想為了自己而去解決煩憂嗎？

難道不會為了想讓自己成長而做點什麼嗎？

而且，這些因為愛自己而採取的行動是為了保護自己，同時也會跟解放自己有所聯繫。

也有那種「只要簡單問候即可」的關係存在

第2章

透過「自我中心」，逐一消滅惱人煩憂

只要讓「我自己」開心就行了

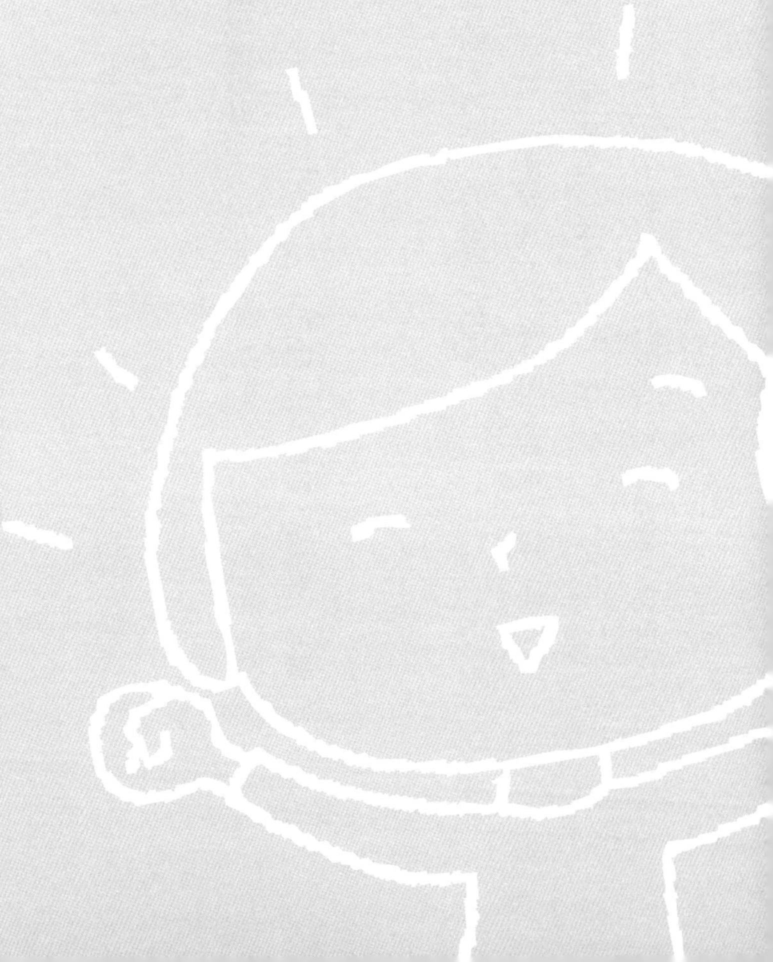

1

「自我中心」與「唯我獨尊」哪裡不同？

雖然「愛自己」這一點是很相似……

「你說只要以自己為中心來愛著自己就行了，但如果這樣做，難道不會讓人際關係變差嗎？」

這是最多人提出的疑問。

若換作那些所謂唯我獨尊的人的話，的確會如此呢。不管被誰說了什麼都不以為意；任性妄為，厚顏無恥又神經大條；態度強橫、傲慢、趾高氣揚。確實也是有這種人存在。

乍看之下，他們給人的印象是一些不在乎別人的眼光，我行我素，且自我感覺良好的人。只不過，這種唯我獨尊的態度，其實正是典型**「害怕人群」**的、以他人為中心的意識表現。

舉例來說：

『請問這應該怎麼做才好呢？』

「這種事，在問我之前應該自己多思考一下吧！」

『這件事變成這樣了……。』

「不要自作主張好嗎！在做之前先好好跟我商量一下啊。」

『感覺身體有點不太舒服。』

「因為你平常都不會好好做自我管理嘛。」

『好像肚子餓了呢。』

「我是吃過了啦！」

『之前不小心被主管盯了……。』

「那是你自作自受吧？」

這樣的對話聽起來如何？簡直像將對方的話乾淨俐落地一刀兩斷一樣。

其他人絕對不是「敵人」

為什麼他們要擺出這種拒人於千里之外的態度呢？

這是由於他們將其他人視為敵人，所以害怕人們的緣故。尤其是，這些唯我獨尊的人非常畏懼自己的領域被人侵犯。這種乾脆俐落地傷害人心的態度，是一種**戒慎恐懼他人，並且緊閉心門的狀態**。

但是他們自己卻無法認同這個「覺得人很恐怖的自己」。他們不想認定自己是個弱小的人類，而且他們相信，如果承認了自己的弱小，就會「被嘲笑、被看扁、被人找到弱點趁機要脅」之類的。

他們深信，要是不強烈抵抗，它就會阻礙自己的路。

在那種狀態下產生出一種姿態，使他們極端畏懼受傷，過於在意他人，並且對自己過度保護。

「唯我獨尊」的人…對自己過度保護

「自我中心」的人…會具體回應對方的需求

那麼，就先前的例子而言，以自我為中心的人，又會造就什麼樣的對話呢？

對方詢問自己「這應該怎麼做才好？」

「啊，這個啊，哪裡不明白呀？」

「這裡的這個地方。」

「喔，這樣啊，這部分你用這種方式做做看吧。而這一點，因為我也不是很清楚，所以建議你去問問A先生。」他們可以像這樣具體地採取對策。

唯我獨尊或以他人為中心的人，他們的眼中是看不到這種「具體性」的。即使對方前來諮詢，也欠缺具體應對的能力。這種「具體性」是一種非自我中心的人所無法培養出的能力。

在此同時，他們甚至連這是「具體表現並傳達給對方的技能」都不知道。會乾淨俐落地一刀兩斷，去切掉彼此之間的關係，是為了疏遠對方。從真正的意義上來看，心中懷抱這種恐懼的人，正處於一種無法稱之為愛自己的狀態。

2

現在「我」要選擇讓自己開心的生存方式！

總歸來說「自我中心」指的是什麼？

以自己為中心的生存方式，和以他人為中心的生存方式，兩者會導致完全相反的人生。

以他人為中心的生存方式會讓自己很難受。真要說起來，就是逐漸造就一個「苦盡苦來」的人生。

而以自己為中心的生存方式，會讓自己活得輕鬆愉快。要說的話，就是形成一個**「甘盡甘來」**的人生，同時也能從各種問題與煩憂之中解放。

那麼，以自己為中心和以他人為中心，這兩者間到底有什麼差異呢？

「雖然我以自己為中心了，但是事情怎麼也不順利。」

「我搞不懂，我到底是以自己為中心了？還是以他人為中心了？還有，這樣做就好了嗎？」

「如果要以自己為中心，該怎麼做才好？」

我總是聽到這樣的聲音。

要做到「自我中心」，當然會有一些基本概念。

不過，不像考試一樣，一定要得到一百分才是以自己為中心，九十九分就還是以他人為中心之類的，這種「從這裡開始是自我中心，到此為止則是以他人為中心」的嚴格分界並不存在。

所謂的自我中心，指的不是固定的事物，而是形容一種狀態。

如果在意的話，最好「當下就說」

舉例來說，譬如你從實踐自我中心法的人那裡收到了這樣的郵件：

總覺得很介意，但……

「前幾天，我在想等電車的時間該做些什麼好，後來決定跑去剪票口附近的喫茶區坐坐。

店裡有兩位店員，其中一位泡好咖啡後，就放到櫃檯上給我。

當我看向杯子時，發現杯子邊緣缺了一個角。

『怎麼辦，他們可以讓我換一個杯子嗎……』在我正猶豫時，另一位店員很兇地說『（幹嘛不喝啦）請用!!』

然後我就乖乖閉嘴了。

我內心下了一個決定，下次如果再遇到這種情況，就跟對方講『我覺得這樣很不吉利，而且無論如何都很介意，所以可以給我換個杯子嗎？』在腦中練習了一下這句話後，我便離開了。

實際上，雖然我在那個場合沒能說出口，但畢竟有考慮過下一次的對策，所以之後很快就可以轉換心情了。

今後的目標是『當下就說出口』。

不管對象是誰，都要說出口。

『可以馬上說出這種事的人，都是天生的。』至今為止，我一直是以這種憧憬的心態看待那些人。

不過現在，我相信自己也能成為那樣的人。

如果不會危害他人，就能發表自己的主張，那就太棒了。

我想我會以自己的步調去試試看。」

只要能決定「下次這麼做」就夠了

這時候，以他人為中心的人會胡思亂想，像是：

「會不會被店裡的人冷眼看待，說『一點小事也要計較』之類的……。」

「只是缺了一小角，也還可以喝，應該沒關係吧？」

「說起來，只因為這點小事就要麻煩店員也不太好……。」

可是如此一來，就會因為一直被困在對方的思維中來找藉口說服自己，而使自己的內心無法釋懷。

又或者，可能會像這樣蠻橫地生起氣來：「一流的店根本不會有這種事情，所以這家店才會是二流啦！」然後一邊在內心碎碎念，一邊忍耐吧。

如果最後決定要說出口，則是會用尖銳的語氣抱怨：

「喂，這是怎樣？給我換一個杯子行嗎？好了，快一點好嗎！真是的。喂，你是不是沒什麼服務業的自覺啊？你們這麼做，這家店遲早會倒閉啦！」

的確，比起默默忍受，這樣做心裡會比較舒服吧。但是，老用這種咄咄逼人的方式說話，就如同到處散布引起爭端的火種一樣。

另一方面，在這個例子中的女性，則是以自己為中心來考量。

首先，她注意到自己的情緒，知道自己「一旦用了這個杯子喝咖啡，心情就會不太好」。

接著，她的想法是「重視」自己的這種心情。換言之，就是珍惜自己的感受。

最後雖然她沒能說出自己的主張，但也不會因此而感到「什麼嘛，我真沒用」之類的，為此否定自己，或是陷入悲觀情緒中。這是因為**她立下了一個珍重自己的目標：「希望下次能好好說出口」**。

在這一刻，她承認了那個沒能說出來的自己的「弱小」。

正因為她認同了這個事實，才能將自己的情緒轉化成「下次我要這麼做」。

另外，也因為她能決定「下次要這麼做」，所以才得以轉換掉那些從自己心中湧出的不愉快。

像這樣以自己的心情或情感為基準，「為了愛自己、保護自己、讓自己成長，而去感受、去思考、去下定決心或去展開行動」，這般持續以自己為中心而行動的態度與狀態，就是「自我中心」的體現。

3

「以他人為中心」將身心俱疲……

是不是開始用「斥責對方的語氣」說話了呢？

就算是在同樣的場合下，用以自己為中心的說話方式，和以他人為中心的說話方式，隨著兩者措辭的不同，將造成完全不一樣的結果。

比如說，在對無法遵守約定時間的戀人表達意見時，若以他人為中心來思考，大概就會變成這種說話態度：

「為什麼你每次都不守時呢？這之前也是，還有那之前的時候也是這樣不是嗎！真是的，到底要講幾次你才會滿意？是不是想跟我分手才故意這麼做啊！」

假如你被人這麼說，你會有什麼感覺？

就算心裡感到抱歉，也會想要回嘴，反而不想好好道歉，對吧？

另一方面，以自我為中心的人，就會形成這樣的說話方式：

「嗯……我現在很想哭。既擔心你遇到了什麼事，又開始覺得我們是不是已經沒辦法一起走下去了……我覺得自己就像個傻瓜一樣。真的沒辦法說著『沒關係』然後再原諒你了。即使繼續這樣待在一起，我也不能轉換心情，所以今天我就先回去了，好嗎。」

聽到這些話，你感覺如何？

對不起。想到自己不小心傷害對方了，就想去道歉，同時也會開始覺得自己下次應該要好好遵守時間，對吧？

不知不覺讓自己的身心傷痕累累

好，我們再換一個視角試試。這次你不是站在聆聽的立場，而是由你來訴說自己的主張看看。

實際說出來後，自己那種以他人為中心的話語，「會如何影響你的身心」呢？請試著感受一下。

「夠了！一個一個都煩死了！說了要自己做了不是嗎。為什麼每一次每一次都要對別人的做法指指點點啊！給我差不多一點喔。我已經受夠了！」

「之前拜託你的那件事，做好了嗎？哈？還沒？我明明再三跟你確認過，期限只到今天而已啊，為什麼還沒做？是你自己說你可以的，不是嗎？如果做不到的話，一開始就不要接受啊。」

怎麼樣？

在說這些話的時候，或是說完以後，你的心情會變得如何？不用說，肯定內心也是如此責備著對方。

這時候你所感覺到的，是**不安**、**焦慮**、**恐懼**、**悲傷等各式各樣的負面情感**。其中特別突顯的，是你的「無力感」。

如果你每一天、每一天都用這些話苛責身邊的人，或在心裡對他們發牢騷的話，想必會身心俱疲吧。

希望你能意識到，這種以他人為中心的想法或說話方式有多傷害你的身心。而且，透過這種以他人為中心的觀點，甚至把握不了解決煩惱的突破口。

事實上，若以這種咄咄逼人的方式說話，進而演變成爭執的話，你就更會受傷，同時也會為你自己的心增添更多畏懼。倘若內心充滿不安、恐懼和無力感的話，將來甚至可能會害怕表達自己的意見。

你愈是過度壓抑這種感情，愈是極力假裝沒事，就愈無法消除你的負面情緒，還會使它更加壯大。

似乎也有「不太懂自己的心情和情感」的人存在，若像他們那樣過度壓抑自己的感受和情緒，讓感受力變遲鈍的話，就會更為曖昧不清的情感所苦吧。

總是說自己「很焦慮、不安、害怕」的那種苦惱的感覺，可以說就是由於無視這些偶爾感受到的情緒，過度勉強自己，導致無法開解這些情緒，而使它們堆積如山的結果。

4

不安、焦慮、恐懼，不要去否定任何一種感情

「這麼痛苦的話，我就什麼都不想去感受了」!?

「所以說，感情真的很麻煩啊。」

嗯？真的是這樣嗎？

這不就是因為你把感情，尤其是負面情緒歸類為「有害」的關係嗎？

在負面情緒中，有各式各樣的感情。

不安、焦慮、急躁、膽怯。憤怒、憎惡、怨恨。

無力感、疏離感、空虛感。

悲傷、嫉妒、怨妒、罪惡感等等。

而其中之最，便是對種種事物的「恐懼」吧。
但是，為什麼你會認為這些情感是有害的感情呢？是因為負面情緒很令人難受，所以自然而然就望而生厭嗎？也有很多人這麼想：「若是這麼痛苦，乾脆什麼也不要感覺到比較好」。
不過，負面情緒並不是毫無理由就突然產生的東西。你會擁有這樣的心情，其中應當**有什麼理由或原因存在**。更甚者，它的起因在於你沒有愛自己。很有可能你並未注意到其理由或原因也不一定。然而，就算你假裝不知道，你的潛意識也了然於心。
怎麼樣？
一旦從這個角度去想，你不覺得，所謂的負面情緒也絕對不單單只是一種有害的感情嗎？

心上的疼痛是「因需要而生」

原本感情就沒有好壞，而是因為必要而存在。

舉例來說，身體要是受傷了，該部位就會疼痛。正如你所知，身體的疼痛五花八門。但那是因為你的肉體要藉由那些疼痛，來告訴你它哪裡不舒服。

身體會痛，是由於它那裡受了傷。按照痛法不同，也能明白到底哪裡生了病。

而後，當患部治好時，疼痛就會消失。不過，在還沒治好之前，不但你得忍受疼痛，同時要是勉強活動患處，使它過度疲勞的話，將會更加惡化。

負面情緒也一樣。

你會抱持負面情緒，並因這種感情而苦，是因為你的心哪裡受了傷。

試圖壓抑或是無來由地厭惡它，等於是你對自己的心做了很過分的行為。

尤其是對它視若無睹，那是你自己對自己的褻瀆。

可能我說得有點太過了，但視而不見，就代表你把自己感情的存在本身都否定掉了。

我經常從來諮詢的人們口中聽到這樣的話：

「我一旦積極思考，就會變得更難受。」

「當我想說怎樣都好，要往好的地方想的時候，會突然感到強烈的憤怒襲上心頭，我真是束手無策。」

這是理所當然的啊。這就是無視自己的負面情緒的下場。以身體的疾病來比喻的話，便是由於忽略疼痛而勉強自己，而使患處惡化的一種狀態。

只不過，那些自你心中誕生的負面情緒，是因為必要才會產生的。

重點是，假如你想釋放這些難受的心情，就先不要否定它，而是去接納它。

5

「負面情緒」逢逃必追

從「負面循環」中脫身，需要什麼？

目前為止，在出現負面情緒時，你是否因為它帶來的痛苦與辛酸，不由得選擇了逃避，而無視它、壓抑它、試圖防止它蔓延呢？

負面情緒也是你的心靈與身體的一部分。

它還是非常重要的一部分。

當負面情緒產生時，你不知道在自己的潛意識中究竟發生了什麼事。正因為如此，所以才希望你能更理解負面情緒，並接納它的存在。

「可是嫉妒跟憎惡都好痛苦，我還是想壓抑它。」

也有人會對這種極端的痛苦恨恨地說：「要是這麼難受的話，還不如沒有感情這種東西比較好」。

或是有人會冷漠道：「我覺得憎恨對方的時候真的相當醜陋。畢竟赤裸裸地表現出那種情感的人，會讓其他人感到很不舒服。我記得，當我心中有這樣的感情時，自己都會討厭自己呢。」

然而這麼一來，你愈是去排斥那些令人不適的情緒，就愈是會被那種負面情感所桎梏。

愈去否定或抗拒自己的感情，那種感情就會愈漸壯大。

要從這種負面情緒的循環中解放，第一步便是「去愛自己由衷產生的任何感情」。

再更憐惜你自己一點吧

「但是，在被負面情緒困住時，到底要如何才能接納它？怎樣才可以去愛負面情緒呢？」某位女性曾經連珠炮似的這麼問。

「只要能去愛負面情緒，它就會消失嗎？」

這種語氣實在很情緒化，簡直就像是在否定自己一樣的反應。

一旦壓抑情感而活，你就會在不知不覺間擺出防衛姿態，無意中也會讓你的說話方式變得情緒化。正是這樣的人，我才希望他去珍惜他自己的感情。

這跟「自己去憐惜自己」的感覺有點像。

「我所感受到的是合理的憤怒，所以這很正常啊。」

「就算生氣也不會不講道理啊，因為我一直都在忍耐嘛。」

「厭惡也好，怨恨也好，就算懷抱這種感情也無所謂。因為在心情變成這樣以前我就受了傷。」

「畢竟是在這種環境中長大，所以變得沒精神也是沒辦法的事。我反而覺得我撐到現在已經很好了，了不起、了不起。」

你應當能像這樣，透過言語憐惜自己。

「啊，這種感覺就是接納自己情緒的感受嗎。」

當然，負面情緒不會因為這樣就全消失得一乾二淨。

話說回來，彷彿要從這個世上永久驅逐負面情緒似的，試圖去讓感情消失，本來就是錯誤的。

雖然嘴上說「以前種種就付諸流水，一筆勾消」，但記憶本身並不會消失。一想到，胸口還是會痛。

不過當回憶湧現時，你可以發現一個漸漸痊癒的自己，就像「每一次回想起來，感情的波動幅度都會變小，被痛苦所壓垮的時間也愈來愈短……」一樣。

6 我「真正的心情」是這樣的

煩惱自己與母親之間關係的A子

先前那個說話情緒化的她，其實是在這一刻壓抑著自己對母親的憤怒。她母親簡直就像是在監視她一樣，對她指指點點。

「怎麼還沒去洗澡？不趕快洗的話，洗澡水會冷掉喔，快點！」

「你是要睡到幾點？明天沒放假吧，愛睡懶覺還熬什麼夜！」

「哎唷，怎麼房間還沒收拾好啊。真的是很懶耶你。」

「好了好了，是要睡到幾點啊？老是遲到的話，會被公司炒魷魚喔。都是因為你這麼大了還沒辦法自己起床啦。」

母親說的話是對的。

她責備著自己，「為什麼我沒辦法做好呢？」

但是真的是這樣嗎？

尤其是最近，母親好似喃喃自語般，一直「結婚、結婚」的發牢騷。

「因為是你自己的人生，所以更認真考慮一點怎麼樣？你年紀也愈來愈大了，難道打算到死之前都單身嗎？到底要讓父母擔心你到什麼時候啊。」

她想到，在說想辭掉工作時也是這樣。

「你在說什麼任性的話啊？明明還有人因為沒工作而焦頭爛額的說。你那種態度，就算換了工作也不可能勝任的吧。而且要是你找不到工作，難道一輩子都要靠父母養嗎？」

儘管她會責備自己，但卻還是氣得不得了，只記得頂嘴了。

現在她也對這種爭執感到疲憊不堪，甚至有時候，在全家圍在餐桌前吃飯時，也是下定決心一句話也不說，對母親視而不見。

跟「對方是否正確」無關

如同上一章所述，在自我中心心理學上，認為「有煩惱，代表自己有哪裡不夠愛自己」。

煩惱之中，隱藏著如何愛自己的提示。

不過，僅僅「煩惱」兩個字，未免也太籠統了。

正確來說，這時只要以自己的「負面情緒」為基準，就能「具體地」察覺到自己不夠愛自己的地方了。因為你的潛意識想要具體將愛自己的方法傳達給你知曉。

閉著眼睛不去看你的感情，便無法注意到發生了什麼事。

比如說，前述的母親的台詞，如果重新從女兒的立場去聽，你會有什麼樣的感受呢？

母親的話，內容是正確的。

但是問題不是「這種言論正不正確」。

希望你能注意到這位母親的真正目的。

「錯的是你喔？因為你搞錯了嘛。請不要反抗我。乖乖聽話，照著媽媽說的做就好。你只要為了讓我滿意而行動就好了啊。如果我生氣，那都是因為你的關係。」

這位母親情緒化的言詞，不覺得聽起來就像這個樣子嗎？

其實，正是如此。

因為只要批評、責難、大罵一場，**「女兒應該就會聽我的話」**。

為了透過這種方式去支配或控制對方，而使她不斷抱怨的感情，在自我中心心理學中稱為「第二情感」。

當然，母親本身毫無自覺。

「我生氣了，然後……」

因此，女兒自然會對她的母親感到焦躁氣憤。

然而，她卻被母親的話牽著鼻子走，反倒不去信任自己的感情。

不過如果她能夠相信自己的負面情緒，而非母親說的話，那就可以「認同這個憤怒的自己」了吧。這麼一來，之後只要老老實實地，傾聽自己感情所蘊含的願望即可。

「這份怒意從何而來？我是因為什麼而難受？要怎麼做，才能讓我對這份感情釋懷？」

對她而言，可以這樣想：

「那個，媽媽，現在我在工作上被人說三道四，實在很難過。對於這份工作，我自己也一直在煩惱要怎麼辦。

若只注意「對方的言行舉止」的話……

若嘗試將「自己的感受」傳達出去……

我在想，是不是它不適合我，而且不是還有其他我更想做的工作嗎？但我也曾勸過我自己，說這或許都是我的任性而已。可是早上起床，我還是覺得去公司很痛苦，變得不太想起床面對。

我所煩惱的是壞事嗎？即使我這麼痛苦，也不可以不照媽媽的話做嗎？為了媽媽，我不得不繼續忍受下去嗎？

就算只有一次也好，媽媽你有沒有認同過我說的話呢？『你只要做你想做的事就好』，你有這樣對我說過嗎？媽媽的隻言片語傷我有多深，你知道嗎？

我對媽媽說的那些話，終究不只是反對或否定而已。媽媽的一句話，到底有多傷我的心，你曾考慮過這個問題嗎？

不管是工作還是結婚，那都是我的事吧。明明我自己也不知道該怎麼做比較好，那麼焦慮不安的說。明明我都痛苦得受不了了……。

我已經厭倦跟媽媽吵架了。就算是我，也會有不想傷害媽媽的心情啊。」

一股腦地說出口後，她的眼中落下了大顆的淚水。

這是她愛上自己感情的瞬間。
這也是她釋放心中芥蒂的瞬間。

在自我中心心理學之中，這個叫做「第一情感」。

如同前述，一旦**表現出自己壓抑已久的真正心情**，內心就會鬆一口氣，變得快活許多，同時也解除了身上的緊繃感。

因為這是「去愛自己的一種表現」。

7

迷茫之時，才要以「自己」為優先！

對方與自己，你選哪一邊？

如果將你置於「不想傷害對方，也不想傷害自己」的狀態下，你會選擇哪一邊呢？

「我不想受傷，可是搞不好是我的感受或想法錯了，可能是我不合常理，或是我任性自私也不一定。」

你是否曾這樣想過，並抑制住自己的情感呢？

「對照一般常識去想。因為大家都這麼說。因為大家都這麼做。那麼以前的事，何必現在再提。因為這種小事就這麼幼稚。」

這些理由，是否曾強迫你自己的感情去屈服呢？

這種時候，你才更應該敢於嘗試挑戰以自身的感覺為優先，而非理會對方的心情或一般常識。

譬如說，**就算你知道以自己為優先會傷到對方也一樣**。

即使勉強自己也會出現不好的影響

「要是大家都開始以自己為優先，事態將一發不可收拾，變得糟糕透頂喔。」

這是不明白以自己為優先的滿足感的人的想法。

由衷以自己為優先，就是愛著自己的表現。

舉例來說，範例中的女性昨晚與母親發生了激烈的衝突。

她變得十分消沈，也無法專心工作。

以他人為中心的她，即使如此也會忍耐著去公司上班。

在工作場所中，與母親形象吻合的主管，指使她為庶務忙得團團轉。主管的措辭讓她覺得像是在罵她「幹嘛，還不趕快做事」，所以她不禁用了一種反抗的態度應對。

主管很明顯地擺出了不快的臉色。

那種表情愈發令她開始考慮是否要辭職。

像這樣，不管再怎麼壓抑自己的感情，不好的影響也會從某個地方冒出來。然而，**愈是積累負面情緒，就愈會下意識採用「傷人的言行舉止」**。

因為你無意識地將對方對待你的方式轉嫁到別的對象上。

換句話說，是因為我們「並不想輕視自己的情感到這個地步」。所以如果沒解決，就會無意識地去解決它。

無論你有沒有自覺，只要負面情緒堆積起來，我們本身就會試圖在某個地方釋放它。

正因如此，為了不要累積負面情緒，我們最好盡快從小處著手解決它。

如果「今天不想上班」……

另一方面，現在以自己為中心的她，會珍惜自己「沮喪的心情」而向公司請一天的假。

這一刻，她決定要「開開心心地窩在自己的房間裡」。

開心地窩在房間，跟歉疚地關在房間，兩者是天壤之別。前者愛著自己，後者則是在否定自己。

於是她為了讓自己可以愉快地待在房間，便想說要透過言語傳達出自己的心情。

這並非是要向母親引戰，而是為珍惜這個「休假的自己」。

「繼續保持這種情緒實在是太累了，所以今天不去上班。我想一個人待著，所以請別跟我說話。飯我會適當吃一點的。」

雖然有些鬧彆扭，但她能這麼強力且「堅定」地叮囑她的母親，這就是她對母親的「獨立宣言」——「今後我會更加珍惜自己的感受，不再對媽媽言聽計從了。我不要再當媽媽的感情的發洩口，也不會再為媽媽犧牲。」

在她心中充滿得以將自身感情做為優先的滿足感，更甚於傷害母親的恐懼。

而且她不用去跟對方爭論，也明白了保護和珍惜自己的方法。

我煩惱的竟是這種「小事」嗎!?

綜上所述，一旦接納自己的負面情緒，就會有令你難以相信的巨大變化造訪你的內心。

首先，你開始想要憐惜自己的情感。

從這種暢快感出發，你將會開始想將自己的情感視為第一優先。

然後更進一步去接納自己的負面情緒，使你為了愛自己而行動。

不是「不得不做」，而是「主動想做」，這就是重點。

反正都要請假，不如高高興興地休息

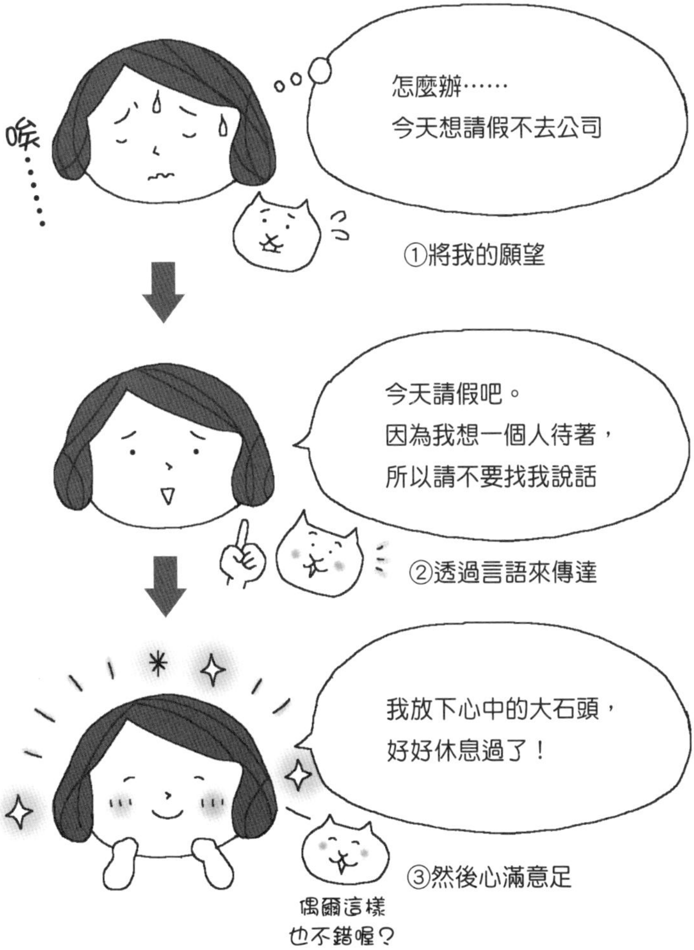

而後，只要你可以為了滿足自己而行動，你就會因此心滿意足，畢竟這是一種由愛自己而生的行為。

當實際去感受這種愉悅感時，你應該能獲得愛的滿足吧。**因為滿足，所以就會愈來愈不在意那些東西**。

所謂的解決煩惱，換言之就是讓人滿意吧。這意味著擺脫煩惱，令自己獲得自由。因此，愛自己的同時就等於釋放了自己。

你的潛意識（本質）打從心底冀望此事。你的本質比誰都還希望你能珍惜自己。

第3章

解決之道，就沉睡在你的不安與恐懼裡

只要認同「我自己」就行了

1 「明明想做，卻做不到」的死循環

不管怎麼想都得不到答案!?

最近，一些類似「想做卻做不到」的諮商個案有所增加。

「想打進工作夥伴的圈子，卻做不到」

「想跟大家處好關係，卻做不到」

「想好好工作，卻不怎麼順利」

還有更多是在第一章也提過的問題，

「我不清楚自己想不想做這件事」

「我不知道我喜不喜歡這份工作」

「是不是轉換跑道比較好呢？」
「我不知道跟這個人結婚好不好」
「繼續做這種事情下去，真的好嗎？」
愈講這類牢騷話，你的煩惱就會愈多吧。畢竟光像這樣發牢騷，就已是處於「被思考桎梏的狀態」了。

馬上就開始思考，依賴思考，受思考所困。

可以說這是一種**「思考成癮」**。

當你思考成癮時，你尤其會開始不明白「思考」與「感情」之間的差異。然而，希望你銘記在心——我們的「欲望、希望和願望，特別是意志」均由感情而生。

它們跟思考完全是兩回事。

因此，要是忽略自己的感情，那麼不管再怎麼去想「我應該做什麼好、我應該期望什麼、我應該展開什麼行動」，也無法得到答案，反而只會增加徒勞無功的煩惱罷了。

常見的「微小差異導致的分歧」

欲望、希望、願望還有意志，這些東西並非用大腦去思忖的東西，而是「感覺型事物」。

到這裡，你是不是又自動開始想，「那該怎麼做才能感覺到呢？」

沒錯，這就是「思考成癮」。

比如說，在你考慮自己想不想換工作的時候，你正在受「換工作」所困。

就算是「雖然想做但做不到」的事也一樣，可以說這種狀態就已證明你「並未以情緒為基準看待事物」了。

被換工作的思緒所限制的你，相信「只要能解決換工作的問題，之後會一切順利」。

從這裡開始，你便像是扣錯一個鈕扣而一錯到底一樣，因些微差異而產生分歧，但是**將自己的情感置之不理的你，卻絲毫沒注意到這個差錯**。

事實上，問題在別的地方。

假使一心想著「只要清楚明白自己到底想不想換工作，這個問題就解決了」的你，就在這一刻明確感覺到，自己真的「想要換工作」了。

可是，你果然還是會這麼想吧：

「我想換工作，但是我換不了。」

真正的心聲是「這樣做很恐怖」

換工作只是其中一個例子。即使是其他的煩惱，也應該都會陷入「思考成癮」的死循環中。

那麼，在你為「雖然想做但做不到」的想法所困時，你的情感上又會變得如何？

舉例來說，你收到朋友出行的邀請。

「可是我不知道我想不想去」，當你這麼想的時候，你真的認為自己由衷想出去玩嗎？

大概連一點點積極開心的「想去」都沒有吧。

這時你的思路，或許像這樣帶有一絲恐懼：「今天我想在家悠悠閒閒地過。但如果拒絕邀約，一定會讓朋友不高興吧……**所以我不能拒絕**。」

當事態演變成「我想辭職，但不行」時，又如何呢？

難道你不覺得自己「想辭職，**但又怕辭職**」嗎？

好，那接下來會怎麼樣？

「我想工作，但做不好。」

這想法，從你以為自己「不工作不行」的強烈意念而來。

「想工作」的「想」，則是自己「不得不做」的臆想。

在「工作做不好」之中，其實隱藏著你真正的心聲，那莫不是——**「工作好難受」**，對吧？

你愈是隱藏這種「難受」的感情，愈是認為自己「不得不做」而繼續努力下去，你就愈覺得做這件事很痛苦。

所謂的「感覺」，便是這樣的東西。

若你以這種感情為基準，就能看見自己的心。

2

你是否為「虛幻的煩惱」所苦？

讓你迷失的是「思考成癮」

有件事，希望你可以把它當作一項定義來記。

我想學心理學的人應該已經知道了。

那就是「思考創造情感」。

這會讓煩惱看起來好像很複雜。

以先前換工作的例子來說，就是「我想換工作，但我能找到下家嗎？」

就算順利換了工作，你也會想：

「這裡是如我所願的公司嗎？如果我搞錯了怎麼辦？」

因「思考成癮」而陷入困境

我想換工作，
可是……
我能找到下一家公司嗎？
什麼樣的公司比較好呢？
不知道能不能順利進行？
如果又無法繼續下去怎麼辦？
要是在新公司被革職的話就沒有然後了！
團團轉
煩惱
思考
團團轉
落入煩惱循環之中了!!

「不知道我可不可以在這裡順利發展？」

「如果我又想從這間公司辭職，再重新找工作的話，到時我的履歷就會不好看。」

「假如我在這邊工作幾年再被炒魷魚，到時年紀也大了，以後可就沒有未來了喔？」

要是像這樣，腦中不斷轉著你引以為豪的思緒的話，大概會接連使煩惱的根源到處擴散吧。

這的確是一種**「虛幻的煩惱」**呢。

不只換工作的煩惱而已，

「要是生病被終止約聘契約怎麼辦？」

「在我老了以後，目前工作的積蓄應該至少可以讓我養活自己吧？」

「再這樣上了年紀還不結婚的話，當雙親去世時，我不就變成孤孤單單的一個人了嗎，感覺好不安啊。」

一旦像這樣不斷朝負面思考，就會從中生出一種「負面情緒」。而且在這些負面情緒被拋出來的同時，也會隨著負面思考的流向，再度產生新的負面情緒。如此一來，**「虛幻的煩惱」將藉由「負面思考↓負面情緒↓負面思考」的連鎖反應而產生。**

藉由這種方式讓心重新出發

舉個例，假設你心中抱持著「要是生病被終止約聘契約怎麼辦」的不安感。

這時有人可能會想，「既然如此，那去找正職工作不就好了？」然後就會得到這樣的回應：「可是又沒那麼容易應徵上。」

這也是事實的一部分。

就算如此，在心理上難道沒有一個為自己踩煞車的自己嗎？

若你想知道這個煞車的本質時，就問問自己吧。

「要是成為正職員工，我會有什麼感受？」

如果感覺自己出現否定的情感，那此時湧上心頭的是什麼想法？

- 成為正職員工，就必須每天在固定時間上班
- 責任會變大，沒辦法馬虎行事
- 不能輕易請假

你發現，自己內心懷抱著這類恐懼。

「什麼嘛，原來是這樣。那就算變成正職員工，累的時候還是要舒舒服服地請假。即使沒有生病，精神上的休息也是必要的。對於自己身上的責任，只要在自己責任範圍內負責就好，別去負擔過多的責任。」

如上所述，只要達成自己無意識中所想的「我的願望」，那使「想成為正職員工」成為事實的心理準備就做好了。

3 試著少用「可是」這個口頭禪……

這句話將揭開惡性循環的序幕！

以他人為中心思考的人，會不自覺連續使用「可是」兩個字。

尤其是在意識上與對手交戰的人，會更頻繁地使用「可是」這個詞彙。

「可是，一開始不是你先講的嗎？這是你的錯。」

「可是說不去的不就是你嗎？是你自己的問題吧。」

「可是錯的不是你嗎？為什麼我必須道歉啊。」

「可是是因為你說了那種話，我才會生氣的啊，原因在你好嗎。」

「可是之前不是你在反對的嗎，所以你有責任喔。」

他們會像這樣，**傾向去攻擊對手或使用責難的言詞**。

即使不直接說出口，也有人會在說話時使用隱藏在括號中的「可是」。

「（可是）不忍耐就會吵起來啊。」

「（為什麼你要說得這麼過份，明明）我有好好做啊。」

「（雖然你在生氣，可是）我並沒有這個打算。」

「（雖然老實說出自己的感覺是不錯，可是）你這樣做絕對會被人笑啦。」

「（就算你說得那麼簡單，可是）這還是挺難的呢。」

「（我都是站在大家這邊的，可為什麼）你們都在抱怨我？」

若如這般使用帶括號的「可是」，對對方來說就是自己的話不斷被人反駁，進而產生不愉快的情緒。

儘管如此，無論是用「可是」這種反抗的態度來聆聽對方的言詞，還是自己不斷駁斥對方話語的行為，說著這些話的當事人卻完全沒注意到這些。

他們反而會認為**「明明我都在忍耐了，對方卻還是要罵我」**。

因此，對方毫無惡意說的話，聽起來也像是「在單方面責備自己」，於是便加倍陷入怪罪對方的惡性循環之中。

在說「為什麼都是我」之前

那麼，如果將「可是」這個詞對自己用的話又如何？

「好想去旅行，可是我沒有錢。」

「我想做這類型的工作，可是要取得相應的資格得花多少年啊。」

「真想做這個啊……可是我沒有才能。」

「在做這件事時我很開心。可是，應該很難以此維生吧。」

「真希望能被任命這項工作，可是，反正說了也是白說……。」

「可是就算努力了也只會被反駁啊。」

「我想好好說出自己的感覺，可是那樣會爆發爭執吧。」

你就像這樣遏止著自己的行動。
然而，當你接連說出「可是」這個詞時，你的心情會變成什麼樣子呢？
「可是、可是、可是、可是、可是、可是、可是、可是。」
試試看在出聲唸的同時，感受一下自己的情緒吧。
是不是感覺自己愈來愈慘了呢？
由於心情變得悲慘起來，這類情緒也會愈發嚴重：
•為什麼你們都在責備我？
•明明我沒有錯，大家卻把我認作壞人
•大家都在把我當白癡
•你是不是無論何時都不能聽進我說的話？
•為什麼我總是必須聽你的話不可啊？
•因為每次都只有我在忍耐、在吃虧啊
綜上所述，**「可是」一詞不但會讓自己和對方之間的關係惡化，也會讓你**

開始否定自己。

回應時用「那麼，先……」展開話題

有人說，「可是若用肯定的方式來使用，不也很好嗎？」

那我們就試著肯定地用「可是」實驗看看。

「今天身體不舒服想跟公司請假，可是工作進度會因此停滯，所以還是去上班吧。」

「那個人總是不遵守約定。可是我不想吵架，所以還是別說好了。」

「好像很難的說，可是不做不行啊。」

果然用了「可是」，感覺就爽快不起來呢。

好，我們用別的詞跟它比較看看吧。

「好想休假啊。**可是**要稍微請個假嗎（同時感到罪惡感）。」

「好想休假啊。**那麼**要稍微請個假嗎。」

「好像很難的說，**可是**我想稍微挑戰一下看看（邊這麼想，邊覺得自己會放棄）。」

「好像很難的說，**那麼**，**先**稍微挑戰一下看看。」

是不是每個例子都是**「那麼」**、**「先……」**比較好？

本來，會接連用「可是」這個詞就是因為，有一個讓這個人無法珍惜自己感受或意志的環境存在。

因此他才會下意識對對方的意見或主張產生「不得不服從」的頑固想法。

相反地，如果這樣的人試圖優先考量自己的感受或意志，他會希望有誰幫自己做決定，不然就對自己的抉擇沒自信，進而感到焦慮不安。

那我們該怎麼做，才可以從這種「可是」的意識中獲得解放呢？

答案是，單純自覺不去用「可是」兩個字。

假如「可是」成了口頭禪……

如果用別的詞彙替代……

這可以靠學習來達成。

譬如說，讓我們比比看下列句子：

「你是這麼說的，**可是**那不是你搞錯了嗎？」

「你那麼想啊。**唔**，我倒是這麼想的。」

代替「可是」，這段話以「唔」來隔開兩句話。

這樣如何呢？

「**可是**我那時候聽到你的話，心情很複雜呢。」

「我**只是**在那個時候聽到你的話後，覺得心情很複雜。」

這段則是用「只是」來取代「可是」。有很多像這樣不用「可是」的辦法。

接下來，我們把這項意識輸入腦袋裡吧：

「對方說的單純只是他的意見或感想罷了。**假設對方強迫我這麼做好了**，**我也不必順從他**。不管對方如何，我都要以自己的感受和意志為重，優先考慮我自己的感受和意志。我要先愛自己，勝過其他任何人。」

4 帥哥美女也有煩惱！

為什麼？明明應是「得天獨厚」的啊

我常常心想，我要寫有關帥哥美女的內容。

現在是從各方面追求美的時代，的確增加了不少俊男美女。

這件事本身可喜可賀，不過隨之而來的是多了一些跟「美」或「老」有關的煩惱，比如「害怕年紀大了，人變醜了，就誰也不理自己了」之類的。

「必須再美一點，必須再減肥一下。」

這簡直就像是，相信只要擁「年輕貌美」入懷，煩惱就會化為烏有似的。

另一方面，那些被世人認為「得天獨厚」的帥哥美女，尤其是有煩惱的美女們卻控訴，被別人說「**像你這樣的美人也有煩惱？**」反而最令人難受。

「他們對我說『你的煩惱真是太奢侈了』，可即使是我，也有很多苦惱的事啊。」

諸如此類，他們認為自己的美女外貌是個問題，同時也否定自己。

有才華的人煩惱，他們也將自己出身於知名大學視為問題來否定自己，覺得「我是這個大學畢業的，但對我而言，這又不是什麼大不了的事」。也有知名大學畢業的人說，自己的不幸都是源自於自己的母校，並連連列舉好幾項自己母校的缺點。

拘泥於青春年少的年輕人，會在差不多二十五歲時無意識地認真嘆道：「唉，已經太遲了，我早就上了年紀啦」。

這種情況不只限於俊男美女，有才華的人、靠爸靠媽族、富二代、年輕人等也都一樣，會去極度否定自己現在得到的特權。

不曾「用自己的力量獲得事物」的人

與他們外在的特權相反，他們的共通點是「對自己缺乏信賴」。可能是因為，他們認為**「這項特權不是靠自己的力量獲得的」**。

事實上，他們對一切事物非常被動，極端畏懼失敗受傷。舉例來說，就算他們可以用眼神、表情或態度要求對方「理應送自己回家」，但他們卻無法透過自己的言語促使對方行動，說出「因為我還想跟你待在一起，所以希望你能送我回家，可以嗎？」之類的話。

因此，若對方不按照自己的期望行動，他們就會十分受傷。其中也有人會錯以為是自己自尊心很強的緣故。

問題就在這裡。

無論是多傾國傾城的美女，無論她們有多因這份美貌而享受到各式各樣的特權，**只要她們不具備「我為了愛自己而行動」這類以自我為中心的主動性，就無法培育出對自己的信賴感**。

諷刺的是，這些特權奪走了他們的自主性，故而使她們極端恐懼失去。
俊男美女害怕美貌衰退。
富二代害怕養活別人。
有才華的人害怕自己的頭腦無法有效利用於社會上。
靠爸靠媽族害怕自己的實力不足勝任。
而年輕人，則是害怕年少青春。
與此同時，為了繼續依賴這份特權，他們便煩惱：
「他喜歡只是我的臉，而不是我的心吧。」
「要是出現更漂亮的人，他一定會變心。」
「明明只要我變老變醜就會丟下我離開。」
「他不是只看我的頭銜而已嗎？」
「他的目的只有錢吧。如果我沒錢，他肯定會走。」
要從這種患得患失的惶恐中獲得解放，先決條件是去發現並承認自己內在

就算人美高學歷又受歡迎，也會有煩惱……

的恐懼。

「啊，原來如此，是因為我既否定它，又依賴它的關係啊。所以我才會這麼害怕失去它嗎？」

自此以後，對自己的信賴感就會萌生新芽。

5

「反正我這種人」是愁眉不展的開端

「如果失去這個怎麼辦」的不安

一談到帥哥美女的話題，就會從堅信自己並非帥哥美女的人之中，聽到交雜著嫉妒與偏見的聲音——

「這是跟我無關的話題，我不考慮這個問題。」

不過，這也只是其中一例而已。

就算不是俊男美女，但**任何人都會有這種害怕失去現在所有事物的恐懼**。

去工作，就害怕失去職能。

有戀人或結婚，就害怕失去另一半。

害怕失去財產或所有物。若是藝人，則害怕過氣。是歌手，就害怕聲音衰敗。

如果是運動員，便害怕體力衰退。

有商業頭腦的人，害怕腦力枯竭。

愛、能力、財產、健康；其他還有職場上的地位，頭銜、名聲。信用、信賴；親子、家庭；摯友、同伴；甚至是多了一條皺紋……族繁不及列載。

一旦找到自己擁有的事物的價值所在，就會萌生失去它的惶恐。

這也可以說是在跟自己戰鬥吧。

承認吧！「真正的我很厲害」

這樣的你最追求的，其實是「自己的價值」。

由於深信「自己本身毫無價值」，你與患得患失的恐懼交戰，或否定、或抵抗，卻反而受其桎梏。你因此緊緊抓住自己得到的東西不放，陷入一種惡性循環之中。

那麼，為找出自己的價值，又該做些什麼好呢？

答案是，不管你有什麼特權，都要先認同那項「自己所得到的特權」。你現在頑固地堅信那項特權是外在賦予的東西，不是你憑自己的手獲得的東西。只不過，以潛意識的觀點來說，能擁有這種特質或坐在這個位置上，都不折不扣是因為你自己的實力。

單單只是獲得這些東西所需要的特質，你身上早就已經具備了。那不是別人的，而是你自己的東西。我指的不是「你得到的事物」本身，而是這種「擁有得到它的能力」的資質，已然體現出你的價值。為了認同此事，你應該要多對自己說：

「這也是我的優秀天賦」。

回以微笑，並問「嘿，你怎麼了？」

再來，要「提升自己的價值」還有一個最有效的方法，就是要求自己去「傾聽、詢問」對方。

「就算我想聽也一樣，反正肯定沒有人會理睬（這樣的我）。」

「就算我拜託他們，也不會有人願意承擔（這樣的我的請託）。」

愈自認「自己沒有價值」的人，愈深信如此，故而無法從自身做起，展開積極的行動。畢竟**如果自己發起行動，卻被否定、被抗拒、被拒絕的話，自己不但會受傷，也會使自己的價值更加低落**。

舉個例子，假設對方現在一臉不爽。

相信「自己沒有價值」的人光是如此就會認為「都是自己的錯」，並種下降低自己價值的種子。

然後如果他受了傷，便會率先提出「我要回去了！」來保護自己。

在這種時候，明白自己的價值的人，則是會這樣問：

若自認「自己身上毫無價值」……

只要覺得「自己身上也有價值」……

「你看起來不太高興，發生什麼事了嗎？如果是因為我而令你不愉快，希望你能直接告訴我，不要沉默不語，好嗎？」

去施行這種「傾聽、詢問」的行為，不是為了對方，而是為了自己。

「為了守護我自己而行動，為了不讓我自己受傷而行動。」

這種為自己而產生的積極性，會提高自己的價值。

6 ✦ 僅僅如此就能成為「堅強的自己」

逐漸琢磨出一種「活在現在的感觸」

心中懷抱著「害怕失去所得的恐懼」的人，真要說的話，是活在**「將來的憂慮」**之中。當然這也是你自己創造出的幻象。

另一方面，以他人為中心生活，傷害自己，活在**「過去的傷痛」**中的人亦是如此。

不管是活在將來的人，還是活在過去的人，都無法向前邁進。

這兩者有一項共同缺少的東西。

那就是**「活在現在」**。

「即使你對我說要活在現在，但那也說得太籠統了，我不知道該怎麼做。」

這個問題也是受思考所限的一種體現。要如何擺脫這種思考呢？

如果揭穿這項祕密，你說不定會有「什麼啊」的感想。

答案是……「感覺」。為了「活在現在」，這是必備的。

無論我再強調多少次，也依然覺得不夠。

這是第一人稱「我」，和第二人稱「你」在意識上的差異。

你想要從「你」開啟人生，還是從「我」展開人生呢？

我不誇張的說，這種意識上的不同將帶來完全相反的人生。因為，這種意識上的歧異會成為你人生的「根基」。

如果你能實際體會到那種感覺，就能明確了解它的差距。

這兩者在感覺上的差別，也可說是「以自我為中心」和「以他人為中心」的差別。

快來感受這份差異吧。

將視線從對方移回到自己身上

首先是**「以他人為中心」**的思考。

「我」眼前有個人。試著去探出身子，猛烈地朝那個人連續講述「你覺得、你覺得」吧。

「你覺得、你覺得、你覺得、你覺得、你覺得、你覺得、你覺得……」

這一刻，「我眼裡」滿是對方。

那「我腦中」又會變成什麼樣子呢？

應該會塞滿**「你的事」**才對。我想你知道，此時自己腦中幾乎沒有「我的事」進入的餘地了。

「我的身體」又會如何？身體大概也會緊繃起來吧。

如果自己腦中像這樣充滿「你覺得」的內容，那麼說出口的話也都會從

「你覺得」開始。其中大多傾向於責備對方、譴責對方，或是用「高高在上的態度」說話。

只要六十秒，馬上變身！

接下來是**「以自己為中心」**的思考。

試著放鬆身體，緩和下來，用低著頭的感覺說說看「我覺得」。

一個字一個字地品味「我、覺、得」三個字。充分冷靜下來，在呼吸吐氣的同時發出聲音。

我、覺、得……。

我、覺、得……。

我、覺、得……。

這樣就能改變人生——這種感覺的「感受方式」很重要。

到你能感受到**「我在這裡」**，這種平靜而安定的感覺之前，多練習幾次

邊吐氣，邊慢慢說

吧！這是一門培養自信心的訓練。

愈能真實感受到這種「在這裡」的感覺，就愈無法動搖「自我信任」的核心，同時你也一定會明白那種愜意。

說出口的話語，也因為從「我覺得」開始，所以很難引起爭端。

更重要的是，一旦以這種自我中心的感覺為根本，就會更關心自己而非對方，去欣賞一個「活在這個瞬間的自己」，進而更愛自己一點。

7

盡早實現「自己的願望」

無論何時都以「自己」為基準

隨著自我中心的感受紮根，對於那些圍繞在你身邊的環境或發生的事情，你會開始以自己為核心來看待。

其基準在於「我的感情或感覺、以及我的意志」——

「我是輕鬆還是痛苦，是喜歡還是討厭，是感覺不錯還是感覺很差，身體是放鬆還是緊繃，我想做這件事還是不想做」。

再更簡單地說，

• 只要我自己輕鬆就好

・只要我自己幸福就好
・只要我自己能滿意就好
・只要我自己能放鬆就好
・只要我可以優先保護自己就好

這麼寫出來時，或許你會開始否定道：
「如果所有人都像這樣以自己為優先，世上全是自私任性的人，那無論是工作、家庭還是社會都無法維持下去喔。」

現在、或是就在此處，你的主管對這樣的你說了這麼一段話。
「你也已經是當前輩的人了，不從自己開始好好當一個榜樣不行喔。」

你為了回應主管的期待拚命努力。
儘管努力了，你卻自知自己在逞強、在不自量力。
即使如此也不示弱的你，漸漸變得氣力不繼，愈發痛苦。
這時候你會怎麼做？

問題的拖延是麻煩的開端

怎麼樣，你能老實找主管商量嗎？若你內心「害怕自己被認為沒有能力」的話，想必說不出口吧。

如果不講，繼續拚命努力，你認為事情會如何演變？

也許你會開始覺得去上班很累，很想辭職也不一定。

或著是搞壞了身體、精神上疲憊不堪，無論如何，你都會讓「備受期待實在太累了」的願望得以實現。

還有這種可能性。

就算你為了符合期待而精疲力盡，你也不會對主管說出隻言片語。

「唔……如果不跟主管說，又要達成這個願望，該怎麼辦比較好？」

你的潛意識會連同你矛盾的想法一起整合起來，計算出一個解決辦法，並得到解答：

滿足自己，事情才會順利進展

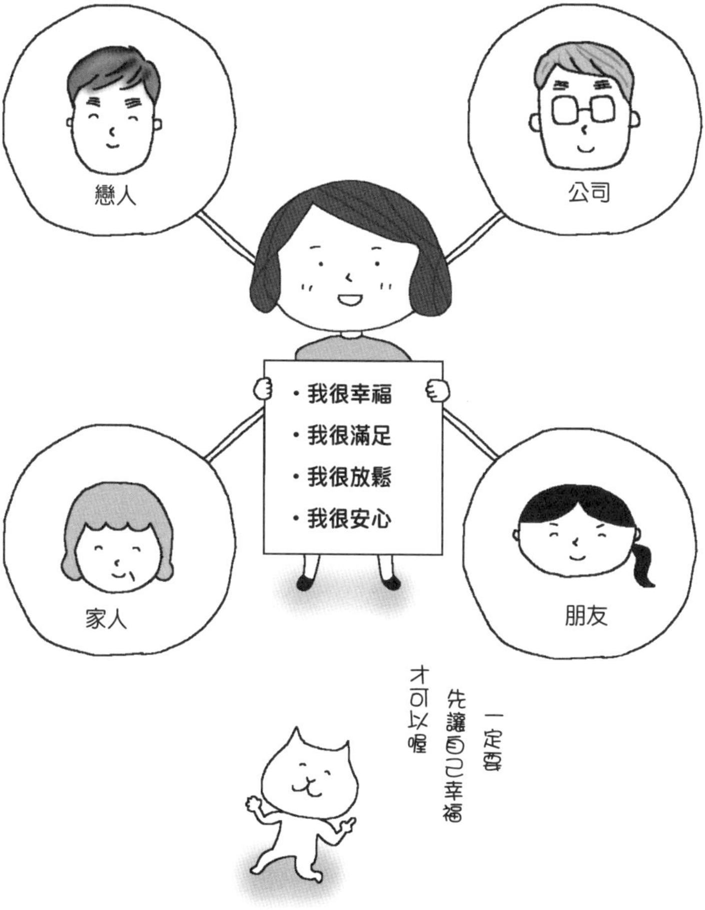
戀人
公司
・我很幸福
・我很滿足
・我很放鬆
・我很安心
家人
朋友
一定要
先讓自己幸福
才可以喔

「對了！用這個方法就好啦!!」

結果可能是你在工作上出了重大差錯。你的表意識會去責罵這個出了錯的自己，但你的潛意識卻感到放心，認為**「啊──這下總算可以從主管的期待中解放了」**。

如何？

再怎麼無視和壓抑自己的感情，你早晚也會「不擇手段地去達成自己的情感（願望）。」

這就是「潛意識的我」。

以這個案例來說，要是早一點跟主管商量就好了，對吧。

如上所述，要比任何事物還要優先對待你的「感情或意志」。無論你再怎麼拖延，最終你都會選擇自己，而非他人。

因此，最好有所自覺，盡早實現自己的願望。

第4章

不要太努力，人際關係反而漸入佳境

只要原諒「我自己」就行了

1 這種「罪惡感」是不幸的訊號

真的只要「自我中心」就好了嗎？

不知為何，你也許會開始覺得「以自己的感情和意志為優先比較好」。

只不過，偶爾你會聰明地用批判的態度提問：

「有的人會任由自己的情感來行動，這種人算是老師您所說的『自我中心』嗎？」

舉例來說，

- 想請假時，就算大家都很忙也不在意地請假
- 因為要拒絕自己不想做的工作，所以沒辦法，叫別人做吧

・就算主管下達了人事異動的命令，也死都不動

・明明跟周圍的人不熟，卻仍然沒神經地硬是加入別人的對話

嚴格來說，「這種人是以他人為中心，還是以自己為中心？」這類問題本身就在自我中心的概念之外。

所謂的「自我中心」，要先將自己放在核心關鍵處。

當你從「我是核心」的角度來看待這些事時，你會先想**「這是那些人的自由」**。

「咦，這是為什麼呀？難道他們不是給周遭人等帶來麻煩、自私自利的人嗎？如果允許這種自由，是說想做什麼就做什麼嗎？」

以自我中心的觀點來看，像是在「拒絕不想做的工作」這一點上，「要不要拒絕」是那個人的抉擇。

用大膽一點的方式講，就是「承認那個人的生存方式，以及他選擇的自由」。

「應該論」會讓自己與周遭的人痛苦

雖說如此，假如「這個人把自己的工作硬塞給我」的具體事項「發生在我身上」時，也許會很難去認定那是那個人的「自由選擇」。

另外，對於「A跟B正在吵架。如果它與我無關，我也不會產生相應的責任，那就是『那些人的自由』」，大概也有人會覺得抗拒吧。然而當你對著這些人說「如果假裝沒看到這些沒常識或擾亂社會秩序的人，那這個區域就目無法紀了」時，你又有什麼感覺？

「壞事就是壞的，應該加以區分。」

好的，那你可以對這個人明確提出這句忠告嗎？

這時你是否能毫不猶豫地回答「對，我可以」呢？

回到原來的問題，「當你這樣在心裡責備或批判對方時，你會產生什麼樣的情緒？」

大肆宣揚「正確性」也無法順利進行

重點並非這項行為正確與否，而是「我本身以什麼心情看待」這麼做的人。

「覺得很煩躁，很生氣。」

如果在工作場合、家庭或街上遇見這種景象，甚至更進一步，連往來與你擦肩而過的人都會讓你產生這種負面情緒的話……。

若你是從「我是對的」這種你自己的價值標準來告誡那些「拒絕不想做的工作的人」，那你早就因為其正確性而情緒化地認為「要是那麼討厭工作，不如趕快辭職啊」，而對方應該也會情緒激動地大聲回應：

「別開玩笑了！這跟你沒關係吧！」

像這樣，無論如何都只是徒增煩惱和爭吵而已。

只要負起責任，就是「那個人的自由」

我曾收過這樣的信。

「在社會常規上，遵守紅綠燈是一件常識。

可是即使是紅燈，我也曾經無視過那些我知道絕對安全的地方、或是短斑馬線的號誌。

如若只是要辦五分鐘左右的事，因為我不想付停車費，所以我也曾不買任何東西就把車停在便利商店的停車場。

當我跟同事說這些事時，被他用批判的語氣罵了一頓，差點吵起來。」

按「自我中心」的概念來說，這也是「那個人的自由」。

只不過，**自由本身具備同等的「責任」**。

在責任上，如果你因闖紅燈而發生車禍，或在便利商店發生糾紛，就必須擔負這份責任。

你為自己的選擇佈置了相應的責任，這是你所認知的「自由」。

嚴苛的「束縛」將衍生反彈的情緒

比起闖紅燈或亂停車這些問題本身，身為作者的我反倒更想將「不想這麼做的心理」當作一個議題。

首先，這種「我正在違反規則」的意識會使心理產生多大的負擔呢？除了自覺違反規則以外，也會產生某種罪惡感。

而抱持罪惡感本身，正是我們的焦點所在。

不管你有沒有自覺，只要你內心擁有潛在的罪惡感，你的潛意識就會自己引導你懲罰自己。

這是我們潛意識厲害的地方。

或許，無論契機是什麼，但特地跟同事聊天並差點吵起來這一點，也是因為想要懲罰自己的關係。

她心底某處明白這可能是一件會遭人批評的事，卻還是跟同事說了。如她所料，同事指責了她。搞不好對她來說，給予自己「被對方責罵的懲罰」，是想減輕自己內心的罪惡感。

一開始會想要明知故犯，理由也不單單只是「因為方便」而已，其中某處潛藏著一種「報復心態」。

這也是因為**自己被「必須得做但不想做」的意識而生的罪惡感所束縛的關係**。

2

「負疚感」會引發戰鬥姿態

違反規則的人心裡在想什麼？

如果在意識到事實卻仍去做的時候去窺視自己的內心，你會有什麼心情？

想必會偷偷感到**內疚**吧。

有著**報復心態**的同時，大概也認為自己「活該」。

當「拒絕不想做的工作」時，你是否是以戰鬥的心態去回絕呢？

不管怎樣，都不可能是「明朗的心情」。

「可是報復的感覺很好呀。」

的確，在報復的瞬間或許如此也不一定。

可除此之外的時間又如何？

恐怕是無法滿足的吧。

因為要是第一時間就能滿意，那你一開始便不會追求「報復的滿足感」了。而且，如果只有那個瞬間可以滿足，那二十四小時追尋這種滿足感將是天大的難事。

被「必須做」的思考逼得走投無路

綜上所述，即使你透過和自己戰鬥或與對方交戰的情緒來完成目的，以辛勞的程度來看，好處也很少。

而且，像這樣故意去做會引起負面情緒的行為，會在你的內心藏著罪惡感。

尤其是，如果你用「不得不這麼做」來束縛自己，那麼連同「做不到這件事的自己」也會引發你的罪惡感。這些罪惡感會使你甚至想用對方沒做過的事來責備對方。

若你無法原諒自己基於情感基準上的欲望、希望和願望的話，那大概不管對「我要做這件事」還是「不做這件事」本身都會感到罪惡感。

當然，這些欲望中也有著「因為很害怕，所以我想逃避」的心情。「我想工作，但工作不了」也在裡頭。而這其實指的是「因為大家都在工作，所以我不得不工作（並對此深信不疑），可是工作又讓我很難受」。「拒絕不想做的工作」的戰鬥姿態也一樣，並非「我打從心底認同自己去做此事」。

就像這樣，所有事件、場景之中都潛藏著一股罪惡感。

「我」若放鬆一點會更順利

那如果「我認為我在做這些事的時候，內心毫無罪惡感」的話，又會變成什麼態度呢？

不是你自己讓自己痛苦的嗎？

小

- 認同自己
- 連弱小的自己也能接納
- 尋找具體的解決辦法
- 可以冷靜地發表意見
- 可以將思考轉化成行動
- 漸漸擁有自信

罪惡感

大

- 責備自己
- 責怪對方
- 拒絕，混亂
- 戰鬥姿態
- 找不到解決問題的突破口
- 愈來愈沒自信

首先，因為是「以我的情感作為基準」，所以應該已經注意到自己討厭這份工作的哪個地方了吧。不會否定自己的人，也就是少有罪惡感的人，可以更正確、更具體地掌握到「這項工作的這個地方是我的負擔，我不擅長，覺得很難」。

並且不是以戰鬥姿態來回絕，而是能從你自己著手，來推動其他相關人等的協助，譬如「這處無論如何都會是個負擔，所以不知道可不可以找人商量一下」之類的。

或者，說不定你真正討厭的不是工作本身，而是與這些工作有關的同事的人際關係。

並非「所有同事」，而是「特定的A同事」。

如果更詳盡一點來看，或許**特定的A同事那種「什麼事都不經過我的同意就擅自進行的態度」**傷害了你也不一定。

像這樣具體查明「對自己而言的問題點」，就能積極開始行動。

心裡罪惡感愈少的人，就愈容易萌生「要讓自己輕鬆」的想法，因此也就會認真直面各種問題。

這些行動也會更為減少罪惡感，產生加乘作用。

3 ✦ 稍微減輕「過重的負擔」

就算不背負一切也不要緊

那麼，若要盡可能減低自己內心的罪惡感，該怎麼做才好？

答案是盡到自己的責任。對於這句話，不知道是否有人會不禁將**「啊，責任啊……」**脫口而出呢？

如果你是如此，那你正認為自己平常承擔過多責任了。負擔過重責任的人，才會愈發覺得它非常沉重。

比如說：

・拚命回應父母的期待，令自己疲憊不堪

- 只要丈夫反對自己想做的事，就會萌生罪惡感，無法以自己為優先
- 一邊頂撞上司，一邊自己想辦法渡過難關，而獨自一人拚命努力

這些人都是在心理上過度承擔責任的人。

「你很沒用，不管讓你做什麼都不行啊。」

「再加油一下，再努力一把。別因為這種程度就鬆懈了。」

「是你的錯。錯的是你吧。」

諸如此類，也有人會不斷讓自己背負過剩的責任。

一旦得到過多的責任，就會勉強自己。

舉個例子，假如為「不得不回應父母的期待」、「要讓父母對自己刮目相看」的思考所囿而行動，就會勉強自己，甚至「跑去借錢」，最後還會去為了還錢而借錢。

這也是心理承擔的責任過重的結果。

這時候，要是你決定「我要在我能負責的範圍內做抉擇」的話，最初就不

會不合理地選擇去借感覺還不起的金額。從負責任的觀點來看，會基於正確的判斷來行動。

只要在「我決定的範圍」內負責就好

「盡責會讓自己心情舒暢。」

能這樣回答的人，是可以珍惜自己的人，也是可以保護自己的人。想必這樣的人應該可以一帆風順地走向具有發展潛力的人生吧。

你總是擁有選擇的自由。

與此同時，這個選擇也具備相應的責任。

也就是，換句話說——

「我只要在我選擇的責任範圍內負責就好。」

意思是，**除此之外的責任，不但沒有承擔的必要，也不需感受它的存在。**

無法辨別這個範圍的「過重的責任」，就是所謂的罪惡感。

假使你因過重的責任而感到有罪惡感，就這麼對自己說吧：

「我要是可以優先看待自己『想做』的心情就好了。」

「這是被強迫輸入的罪惡感，是沒有必要的罪惡感。」

「父母的期待是父母的任性。就算要因此煩惱，也是父母的自由。」

「我沒必要連對方的想法都要負責。這不是我的責任。」

試著對自己拋出這些句子，來減少罪惡感吧。

「我只要在自己選擇的範圍內負責就好。」

僅僅因為這個想法，你的煩憂就能減掉一半。對負責任的恐懼應該也會隨之而減。

本來所謂的「盡責」就是令人愉快的東西，它指的是由自己本身認同自己的能力。

另外，「盡到自身責任」的成就感，也會為你帶來深深的滿足感和自尊心。畢竟盡責的行為，正與自我信任息息相關。

4 ✦ 從自己開始，拒絕「扭曲的人際關係」

想透過「負面行為」來建立聯繫的人們

在闖紅燈的案例上，我還有一些想補充的東西。

那就是，就算無視紅綠燈，只要無自覺地重複這項行為，也會在不知不覺間形成一種「習慣」。

一開始只有走路的時候會闖紅燈。但是，當這件事變得司空見慣，就連在開車時也會開始制止不了自己習慣去做危險的事。

因為至今為止都以「綠燈行，紅燈停」來認知的大腦，會產生一瞬間的認知混亂，以為「紅燈行，嗯？是這樣嗎」。

其實從潛意識的角度來看，這種行為也有著「其他目的」。

就是要透過這種負面行為來「跟社會或人產生聯繫」的欲望。

當然，不用我說，比起人與人之間的負面聯繫，正向聯繫的滿足度當然更高。

可是，若自己從未在周遭環境中學到建立正向聯繫的辦法，那該怎麼辦？

雖然我們心中懷抱諸多恐懼，但所謂「孤獨」，是能與「死亡」匹敵的恐怖。因為你不曾有機會幾近完全的孤單一人，所以儘管你並未發現，卻本能地知道這件事。

以動物的標準來說，「孤立無援」代表的狀況，亦可說是生命的危機。

相較於陷入這般孤獨的恐懼之中，你還是更希望**自己與人產生聯繫，不管那是負面的也好，即使會引起騷動或跟對方打起來也無所謂**。

在前述亂停車或闖紅燈的案例中，只要持續這麼做，大概就會發生這種事：

・在朋友、熟人、同事等人之間，可以將這件事當作話題。或許大家會因這個話題而沸騰，也有可能圍繞是非對錯而引發小小的爭論

・隨便亂停車會跟店裡的人產生糾紛

・因闖紅燈而導致車禍後，圍繞著這個意外，可以聚集警察、醫院、公司、家庭等周遭人們的關心

將這類與人相連的情況視為「目的」也不無可能。

對方並不希望解決問題!?

「所謂的人，會想親近別人到即使引起紛爭或意外也無所謂的程度嗎？」

你或許會這般覺得不可思議，但事實的確如此。

一般俗稱的奧客就是這樣。

假如你在公司負責處理申訴電話，那你就必須看清，來電者是單純想解決問題而撥電話，還是將「申訴」作為素材，期望與你建立一條負面聯繫。

對方若對你做出「硬加缺點、否定、推翻你的話、扯你後腿」的行為，那麼就是這個人強烈希望能與你締結負面關係，勝於解決問題。

- 向同事訴苦，「公司裡的某人在刁難我」
- 對朋友說「我跟戀人過得不順利」，同時不禁嘆氣
- 母親對女兒說婆婆、鄰居或丈夫的壞話

這種「牢騷」的真正目的，也是要藉由「發牢騷」的方式來與你交流對話，而不是去解決問題。

你愈是體諒對方，愈對對方的言行「安慰、鼓勵或安撫」，這種言行就會愈來愈誇張。

那是因為，這就像是**你實現對方的願望，並使對方（在無意識下）高興起來一樣**。

只要說不，就能互相成長

「不過，要怎麼做才能認清呢？」

這很簡單。

只要你以五個人為對象，「跟他們交談時，感覺內心焦躁不安；覺得生氣；心想『又來了』而厭煩。在交談後累得精疲力盡，感覺自己再也不想再跟他們說話」，只要像這樣感覺自己的心情變得鬱悶，那麼就可以判斷這個人正在跟你建立負面聯繫，總之這樣做肯定沒錯。

你自己要去留意這種負面情緒。

如果沒注意到的話，這種關係就會變得愈來愈痛苦。

若要在經歷種種煩惱的最後斷絕這段關係的話，也許會演變成一場大騷動或壯烈的爭論吧。

奧客或想發牢騷的人，原本就是「問題解決了會很困擾」的人。愈跟這種人繼續糾纏，就愈沒完沒了。

如果顧慮對方……

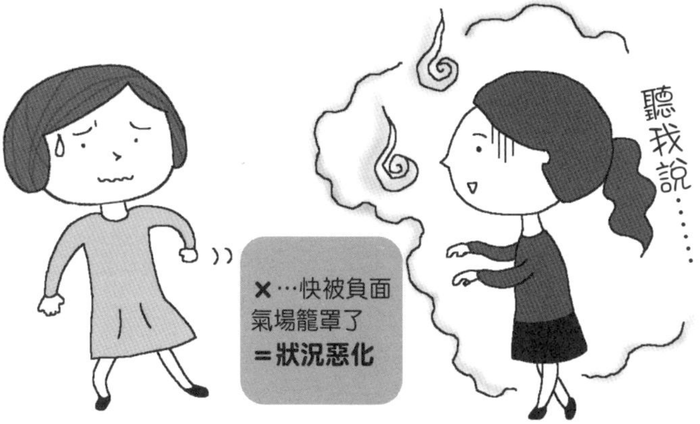
聽我說……
×…快被負面氣場籠罩了
=狀況惡化

如果為保護自己而行動……

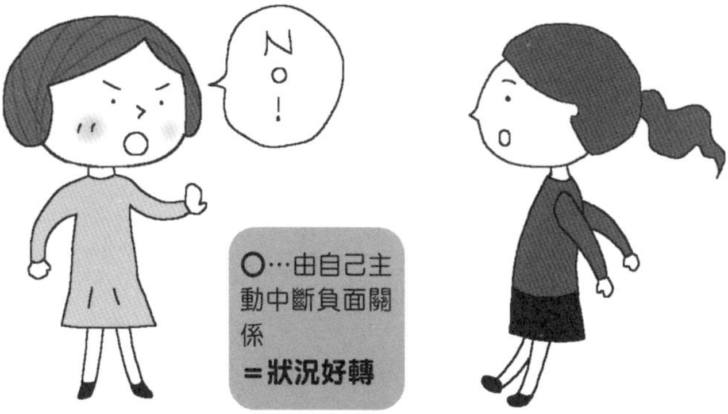
No！
○…由自己主動中斷負面關係
=狀況好轉

因此，當你跟對方交談時感覺自己出現負面感受或情緒時，就去接受它帶來的「差不多該結束對話了喔」的訊息吧。去相信自己的感情。

並非談話內容的問題，而是繼續維持這種「痛苦的關係」，會使你自己受傷。

保護自己是你的先決條件。讓自己從這段關係中解放吧。

對於讓你自己處於安全狀態一事，你不需要感覺到絲毫的罪惡感。

為了不傷害自己而「終止這段談話」。

這是最重要的。

譬如像是「我喜歡你，也想協助你。但如果再聽你說下去，我自己精神上會很累，而且感覺會開始責怪你，所以我們來聊別的話題吧」，試著直接傳達「我的感受和意志」來結束話題吧。

這樣一來，你視自己為優先的舉動，最後反而也會促進對方的自立。

5 不吵架也能解決問題

所以「忍耐還比較好」!?

就像上一章開頭所述，若你在考量某個問題時陷入死循環，那不管你再怎麼絞盡腦汁，也無法找到答案。

因為找不到解答的真正理由在別的地方。

那就是，想透過思考來解決這個問題的這一點。

你或許欠缺自覺，但那是因為你在潛意識中害怕去「行動」。

愈是「以他人為中心」的人，就愈會感到恐懼。

這種畏懼，恐怕等級位於你的自覺之上。

我稍微列舉幾個「懼怕行動」的理由：

- 讓自己承擔過多責任
- 在問題發生時，不知道保護自己的方法
- 畏懼與對方爭執
- 在跟對方發生衝突時，不知道表達意見或迴避衝突的方法
- 因義務或他人強制而動，不明白「行動」的樂趣
- 認為繼續下去很辛苦
- 過度考慮結果
- 過度操煩未來

特別是，會為自己的行動踩剎車的最大理由在於害怕自我主張，認為「若主張自己的意見，一旦遭到否定就會受傷。要是演變成爭端會很可怕。如果害怕遇到這樣的遭遇，那忍耐一下還比較好」。

「辯贏對方」並非目的

許多人畏懼自我主張的理由，難道不是因為相信「表達主張就會跟對方發生衝突」嗎？從這個認知開始就已然是個錯誤。

在自我中心思想中，自我主張的目的不是透過言語辯贏對方，而是「為了愛我自己、為了解放我自己而去表達」。

一切都是為了自己，所以愈是表達就愈會「讓自己舒暢幸福」。與其稱作自我主張，不如叫它「自我表達」。

這是「表達第一感情」的方法。

在第二章也提過，不過在這裡我們就整理一下「第一感情」和「第二感情」的差異：

首先，第一感情與第二感情是完全相反的能量。

第一感情是以自己為中心，為自己而生的感情。

所以，只要表達自己的第一感情，身心都能舒暢起來。這是因為你釋放了能量。

透過表達，正向情緒便能予以增幅。

負面情緒則是被消滅。

使心靈與身體清爽活躍。

導引你邁向幸運之路。

第二感情則是用在支配或控制對方的目的上。

因此，即使表達出來，內心也不會覺得痛快。心中留下疑慮不安。

身體則是殘留緊張的痕跡。

負面情緒不斷累積。

正向情緒也不斷累積。

這種情況下的正向情緒會與奉承話、肉麻話並立，心靈和語言不一致，並指向不協調的能量。

這些積累會給身心帶來不好的影響。

運氣也確實會變差。

不管是在心裡抱怨也好，在腦中思考也好，都是如此。

重點：「我」是更舒服的說法

只要能以第一感情表達出來，便能期待它帶來這些效應：

- 不與對方爭執也能表達自己的主張
- 可以更輕鬆地主張自己的意見
- 以物理上的距離遠離「跟我合不來的人」。在心理上也不要去在意對方的存在
- 跟親近的人更加親近
- 跟親近的人變成暢通愉快、互相信任的關係

比如說，這是一個同事希望你能幫忙而託付你的工作，而你予以婉拒的場景。以他人為中心的第二感情將形成這樣的說話方式：

隨著說話方式不同，對方的反應也會改變！

忙碌時，
如果有人請你
「幫忙處理工作」的話？

以他人為中心

拘泥於「支配與被支配」
＝第二感情

以自己為中心

傳達「自己的感受」
＝第一感情

「我不要！你去拜託別人啦。」

「我也很忙啊，所以這種不行，真的不行。」

「這是因為你偷懶吧，難道不是只能你自己做完嗎？」

自我中心的第一感情則是會採用這種說法：「這樣啊。雖然我想幫你，但我現在手上也撥不出空。如果這份工作能早點整理好，我會跟你說的。不過我沒辦法明確答應你，所以你也去問問看其他人吧？」

或是演變成這種情況：「這個嗎？全部我是沒辦法，但如果可以只做這部分我就做。等我的工作告一段落就開始，應該沒問題吧？」

重要的是，不管對方，而是以**「使自己心情舒暢」**為基準去做。

「我」對於被託付的這項工作「有什麼感覺？有什麼想法？又想怎麼做呢？」將這些用言語來表達就好。

6 ✦ 不要再自尋煩惱，而是去找對方聊聊

你對我怎麼想？

製造「煩惱根源」的模式之一，是試圖探究對方內心想法，並因此滿腦子想著對方的狀態。算是以他人為中心的典型呢。

「那個人對我是怎麼想的？」

「他說了那種話，是有什麼企圖？」

「就算被告知『說說就好』，但他從那時候態度就很冷淡，所以還是應該承擔下來嗎……？」

「女朋友從昨天開始對我視而不見……她果然在生氣吧？」

你是否也在這些情境中探究並臆測對方的心聲，煩惱**「這也不對，那也不對」**嗎？

當你深陷這種想法之中時，試試看將意識轉向自己一方，去感覺自己的情緒，這時你會出現什麼樣的心情呢？

舉例來說：

- 腦袋被思考占得滿滿當當，難受得頭痛欲裂
- 肩膀硬邦邦的，很累
- 感覺胸口快要窒息般痛苦
- 氣血上頭，臉上發燙
- 精力衰竭，什麼都不想做
- 老是覺得焦慮不安

在你腦海被對方的事塞滿時，你感受到的難道不是這種情感、心境或感覺嗎？

如果重新去認識自己的狀態，你不覺得「自己正在苛待自己」嗎？

以自我中心流派來說，這種將負面情緒棄置一邊的狀態是在「傷害自己本身」。

不要拖，直接「問」對方

那麼，這時候如果你主動詢問對方這類問題：

「雖然之前的工作你說沒關係，但我沒有接受是不是真的讓你不高興了？你從那以後就一直在躲我，我覺得很介意。」

「我還是不能理解。要是繼續用這種態度一起工作會很辛苦，所以你可以再給我一點時間聊聊嗎？」

你會有什麼感受？

只要直接將你心裡的話化為言語表達出來就好。

透過「傾聽」，你的煩惱將瞬間煙消雲散。

在那之後，你的「清爽感」怎麼樣了？

這正是你積極為自己行動的、所謂自我信任的感覺。不斷重複體驗這種感受，將自動提高你所具備的價值。

去「詢問」對方，而非愁思不解。或許單單只是去培養這份勇氣，就能讓你的人生煥然一新。

稍微有些忐忑不安的時候……

你需要的是「嘗試去聽」的決斷與勇氣。

「可我還是很怕……。」

而且這種勇氣有辦法培養出來。

「咦，真的嗎！」

真的。那就是從對方那裡**「取得同意」**。

「啊？你說的是取得同意……嗎？」

由自己來消除心中的芥蒂

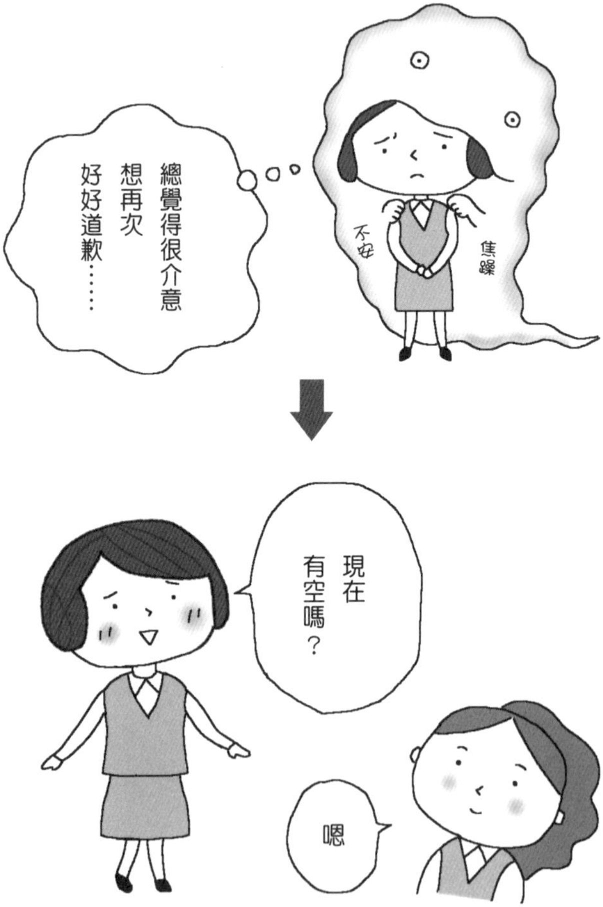

比如說，你因為自己的失言而傷了同事的心。

雖然當時已經道過歉，但這件事還是一直在你心上縈繞不去。

你為使「自己的心情輕鬆一點」，決定再去道一次歉。

「先前我說了很沒禮貌的話，對不起。我覺得你似乎還沒原諒我，但我實在不知道怎麼做才好，繼續沉默下去又很痛苦，所以我想再次向你道歉。真的非常抱歉。」

儘管你想這麼說，但卻尋不到時機開口。特地將已經結束的事情老調重彈，會不會反倒使對方受傷？你這般擔心著。

以「現在有空嗎？」當簡單開場白

即便你誠意滿滿，但對方若依然生你的氣，也許不會給你任何回應。要是對方展現出抗拒的態度，你應該會更受傷吧。

這時，如果以：

「現在方便給我一點時間嗎？」

「我想稍微跟你聊聊，時間上方便嗎？」

「我想跟你談五分鐘左右，你是否有空呢？」

這類「向對方徵求同意」的話語來作為開場白，如何？

假設對方仍然拒絕你，那你受傷的程度百分比應該也會遠遠低於直接詢問。

如上所述，「取得同意」的行為雖是為了確認對方的態度，但同時也類似於投石問路，還有**「為了守護自己的安全」**這一層意思在。

另外，如若最後是以無可奈何的結果收場，這種以自己為中心「再度且動態的影響行為」也會更提升你自己的價值。

7 消除芥蒂的微小「勇氣」

不要帶走已經萌芽的負面情緒

當你注意到自己的情緒後，你會深感那些否定的思考或情感曾經**有多「傷害我自己」**。一旦經歷此事，便會開始討厭一直保留拖延負面情緒的不痛快。

在我個人的經驗中，曾發生過這種事。

某一天，我在公車站牌前一個人等公車，同時眼睛追隨著車流，這時左手邊一位老年男性走了過來。正當我想說他的腳步不穩，有點危險時，他的腳不太靈活地跌倒了。

我立刻衝上前去協助他起身，他的臉上流血了。我邊跟剛好在場的其他人一起看顧他，邊等待那位男性的家人前來。

當他家人趕到，我也鬆了一口氣時，剛好公車也終於來了。

在我要上車的當下，有人從旁插隊。那個人也是一名老年男性，這名男性用力推開我，並大聲叱罵「是不會排隊喔!!」

不打算起爭執的我一度讓他先過，可是他的態度和措辭又令我惱火，所以我對著他的背影回了一句「是我先來的喔！」

我不知道對方有沒有聽到我的話。

「哎呀，比起沉默不語，有說出來就不錯啦。」雖然我這麼告訴自己，但事情並未解決。

為了「自己對自己說ＯＫ」

其實，這件未解決的事並不是因為他沒有回應我，而是針對我自己。因為我想著不要引起爭端，所以「畏畏縮縮地笑著說話……。」

我感到很不開心，無法忍受自己的低聲下氣。

隨著公車的搖晃，我問自己到底「想做什麼」。

在我開口這麼問的同時就有了答案。這是因為「自己正拘泥於此」的事實，已然說明了我的心情。

不管周遭會怎麼說，不管會不會被認為「只是些微小事也要計較」：

「只要我自己拘泥於此，就不要拖著不放，並為此行動」

「為了消除自己心中的芥蒂而表達出來」

這些也是我常常對自己說的話。

這時候的我「為了不要捨棄不了這種低聲下氣的態度」，決定「再說一次」。

在抵達終點站，所有人都下車時，我追上那名男性並拍拍他的肩。

這是——為了不要重蹈剛剛的低聲下氣。

「我比較早到，不過我是去幫老人家急救了。」

他一邊轉過臉，一邊用含糊的聲音拋下一句：

「我才是排在最前面的啦！」

我原先的目標是「為釋放自己的情緒而出聲」。

因為只是這一點而已，所以在我這麼說出口的同時，就已經達成了目標。

因此，對我而言，他的回答是什麼根本無所謂。實際上，把話說出口後，我就一點也不介意了。

我用溫和的語氣說，「請注意你的說話方式，這樣很沒禮貌喔。」

然後我再次像是安撫他的背一樣拍拍他，便折返回去了。

「做到了!!」

這是我取回自己自尊心的瞬間。

嚐到這種感覺後，我心中馬上又萌生了新的理解。

那就是，我察覺到自己可以將他視為「個案」看待。

在經歷這件事之前，我似乎一直被「必須照拂老人家才行」的常識所綁住。這是我不分青紅皂白，將老人們「一視同仁」的想法。

一旦遇到年齡差異、世代差異、個性或民族的差異時，對方看起來就像是住在另一個世界的人似的，除去這道隔閡，便能將他當作身邊親近的人來看待。

最好快點斬斷「不愉快的根源」

不僅是前面提過的亂停車跟闖紅燈的案例而已，如果將自己的負面欲望一意孤行，在當下的場面中，常常會「得到」許多實際上和物質上的東西。

即使如此，就像我一直以來所說的，它本身並不是一個問題，反而是藉著這麼做**讓自己產生了什麼樣的心情**，對自己而言這才是重點。

只要察覺到自己心中的「愉快和不愉快」，就會希望盡早消除不愉快，而不是在感到不愉快的同時賺取利益。

對於自己「現在做的事」，感到：

・因由衷的暢快感而這麼做
・透過這麼做，讓心獲得解放，變得輕鬆
・心中充滿滿足感，更進一步拓展自由感

這種感覺是自我信賴，是承認自身價值的感覺。

這種感覺是一種自信。

這種感覺的分量愈多，運勢也會更好。每個人真的都應該去體驗、去知曉。

這是理所當然的喔。

因為**「我可以毫無罪惡感地，期望自己獲得幸福」**。

第5章

七堂課，充實我的「此時此刻」

只要讓「我自己」幸福就行了

1 終止鬱鬱寡歡的想法！「自言自語」課

案例1 工作上的同事說了過分的話

「為什麼」和「怎麼做」是後悔的來源

你平時有留意過自己常用哪些詞彙嗎？

你毫無自覺用著的詞彙，會增添你的煩惱，讓你的運勢變差。

其代表就是「可是」這個詞。

同樣地，「為什麼」這三個字也是如此。

比如說，

「為什麼所有的痛苦都要聚集在我身上？」

「為什麼會變成這副模樣？」

「為什麼、為什麼、為什麼、為什麼……」若像這樣接二連三地講這句話，不覺得很絕望嗎？

接續在它後面的，是這樣的話語：

「我哪裡錯了嗎？」

「那個時候，我做的那個選擇是錯的嗎？」

「我明明拚死拚活地努力了，為什麼卻老是得到這種結果？」

這些話，就算你自言自語說上好幾千、好幾萬次，你也永遠看不見解答。

原因在於，這些詞彙的力量，會將你導向一個「後悔的自己」。

這也是一種「語言的壞習慣」。

如果你因為這種話而變成一個「煩惱很多的自己」，那麼只要戒掉這種使用習慣就好。

有一句話可以替代它。

那就是**「能夠接納現在的自己的話語」**。

高唱接受「自己」的話語

舉例來說：

「為什麼我會對那個人說出那麼過分的話呢？」

假如你對自己說這樣的話，就會開始不斷責備自己，被後悔所淹沒。

這種時候，若嘗試「接納現在的自己」，這段話會變成什麼樣子呢？

「我對那個人說了過分的話。啊……是啊，我已經說出口了。然後我傷了那個人的心。但我忍不住要說，我一定也在某個地方（因那個人而）受了傷。」

如上所述，透過說出**「我已經做了某事」**，將焦點放在自己的心情上，便能更容易接納自己。

這種句子也很有用處。假設你自我主張或行動的結果，使你跟對方的關係惡化。這時也可以對自己拋出這句：

「結果無所謂，至少我會珍惜我自己了。」

這麼做之後，你的心情變得如何？

「是啊，今後我也要更珍重自己一點。」你會開始這麼想，而不去畏懼結果，不是嗎？

就算百分百都是我的錯也沒關係

假設狀況看起來只有你單方面讓對方受到傷害，那也不是真的如此，因為你也已經被那個人所傷。雖然你自己沒有注意到，但你的潛意識明白一切。

首先，無論出現什麼狀況，在人際關係上都沒有百分百「都是我的錯」的情況。

就算萬一百分百都是自己的錯，也是到此為止就好。即使暫時如此，你也曾在別的地方被別人所傷。說不定你是不小心將其發洩在那個人身上。

反過來說，如果你這般傷害毫無關聯的對象的話，你就愈發必須對自己說出更多更多「接納我自己的話」。

就算對方被過分的語言加身，那也沒關係。

就算對方傷得很深，那也沒關係。

就算情緒激動地吵起來，那也沒關係。

「我會這麼做，是因為在我的潛意識裡頭有一個原因。對我來說，雖然我不清楚那個原因是什麼，但潛意識知道，因此我才這麼做。我已經這麼做了……。」

在你由衷接受這麼做的自己時，你才能打從心底做下決斷：

「這種事我不要再做了。接下來去學習從這裡脫身的生存方式吧。」

2 自私的願望也會實現！「心靈」課

案例2 總覺得身體無法好轉的困擾

或許你「真的不想工作」

有人煩惱自己總是身體很差。那人說：

「只要身體好一點，我就能更積極地工作了……。」

他認為自己**工作不如預期順利，是因為自己身體太差的關係**。

然而，只要那個人確信如此，他的身體就不會變好。

原因在於，那個人真正期盼的，是「不想工作」。

要是身體狀態變好，就不得不去工作。由於他原本想的是「不想做」，所以身體就沒有理由好轉，也不會好轉。

這時，若要達到「恢復身體狀況」，該怎麼做比較好？為此，請實現自己的願望。

以這個案例來說，就是實現這個願望：

・不想工作

但是在「實現這個願望」的過程中，會萌生新的困擾。

比如說「沒有收入就無法生活」的煩惱。

如此一來就變成：

・不想工作

・希望確保生活所需的收入

要去實現這兩項願望。像這樣寫下來時，有的人會打從心底想「什麼啊，是這樣嗎！原來如此!!」，並簡單地認可這些願望。

如果你是這樣，那在這方面，你可以說是一個罪惡感很少的人。

也稍微認同一下「貪心的自己」

「可是，那麼自私的願望不可能實現。」

有人是這麼想的嗎？

或是更進一步，

「許那麼自私的願望也太不像話了吧。」

是不是有這種怒不可遏的人呢？反過來說，這也是一種罪惡感。

對得到幸福產生罪惡感，這到底怎麼回事？你不覺得，這是因為自己對自己說了「我不可以獲得幸福」之類的話嗎？

罪惡感愈大、愈多，就離「自己冀望的事物」愈遠。

像這樣**一邊祈願幸福，一邊又在潛意識下不允許自己變得幸福**——這世上存在著這麼矛盾的我們。

所謂的煩惱，究其本源，可說它來自於：

・我的願望無法實現

- 我否定我的願望
- 我無法打從心底認同「想做就做」

換言之，我們可以認為，**因為你並未由衷認同自己為了自己許下的願望，也不打算實現它，所以使得「煩惱」從中誕生**。

特別是其中「由衷」兩個字最為重要。

- 我由衷肯定自己想做的事，並且毫無罪惡感
- 如果想撒嬌，就承認自己「由衷想撒嬌」，然後撒嬌
- 如果不想做，就承認自己「由衷不想做」，然後不做

在這個例子中，「我要成為主婦（主夫）」，就能實現這兩項願望了吧？

這種肯定感愈高，令你困擾的煩惱就會愈來愈少。

克服薄弱的意志！「身體」課

案例3 不管過了多久都存不了錢

現在馬上開始「洗衣服」

若你以自己為優先，變得更「自我中心」一點，你的煩惱就會相對減少。煩惱的嚴重度也會變得更輕微。

而且，**隨著開始以自我為中心來思考，不但可以消除煩惱，而且你也會發現，無論是幸福、成功還是經濟能力，一切都在你的手邊。**

「那我要怎麼做，才能變得以自我為中心來思考呢？」

這種仍然「陷入死循環」的想法，還請你不要去做喔。

你完全不需要深入考量。

將你導引至「自我中心」的素材，就散落在你日常的每一處。

舉個例子，如果你背負了過多的責任，因此害怕「負責」的話，就去「洗衣服」吧。

「啊!?洗衣服嗎？」

是的，沒錯。

當然，這只是單純的一個例子。不過你只要有自覺地去「洗衣服」，就能讓你從「負責任的恐懼」中解放自己。這個「自覺」很重要。

如果你要試著做做看，就先決定洗自己穿的衣服就好。

「我只要（沒有罪惡感地）洗我自己的衣服就可以了。」

這是為了盡我自己的責任。也是為了消除過多的罪惡感。

只承擔我自己的責任的話，既簡單又容易。用感覺來記憶、學習它。

洗衣服的頻率，就訂定為一週一次這種「對我來說最舒服的頻率」。使它成為一堂以「我是否舒適」為標準的課程。

只要活動身體，心靈也會積極起來！

自己的東西自己「洗滌、扭乾、晾曬、收回、折疊」。這套從開始到結束的一貫作業，會將**「自己完成」的感受**輸入自己的體內。

透過自覺並品嚐這種「從最初到最後都是自己完成」的感覺，來找回自尊心。同時可以藉此培養自我信賴感。

透過微小的行動大幅轉變「內心惡習」

有一個人，他「不管再怎麼努力，收入也不會隨之增加」。

這個人絕對不是懶鬼，雖然他行動上很有毅力，但努力卻一點也沒有結果。

對此，我知道好幾個原因。

最大的理由，就是負責的人「非常曖昧」的這一點。

因此，無法知道自己跟對方所應該負的責任的界線。而且比起這個，他甚至連這點自覺都沒有。

這種「曖昧」感，不管在什麼樣的場合都會出現，所謂的重複借貸也是其體現。而這個人，他就算有一些額外收入，也只會把錢花在自己想要的東西上，而不是拿去付清債款。

在這種時候，「知道自己應該負什麼責任的人」則是會先還掉債務。因為比起「扔下責任置之不理的不適感」，他們更重視「負完責任後的好心情」。

這種好心情，其實就是產生收入的源頭。

以旁人的目光來看，一定會覺得這個人的收益不錯。

然而，儘管他沒有自覺，但在滿足自己的欲望時，這個人下意識感覺到的卻是「內疚感」。

「明明應該要盡責的，卻拖延不負責。」

這種「內疚感」妨礙了他正當賺錢的機會。從這個罪惡感開始，他故意將自己導向賺不了錢的方向。

如果你落入這種狀況之中，就請自覺地將手上的錢拿去還債吧。

重要的是每月是否定期還款，而不是它的金額。每一個月都履行自己的責任。實際體會這種「盡責後的好心情」，可以培育出「賺進收入也不錯的意識」。

這種意識將自動轉變為「會賺進收入的行動」。

像這樣，無論多微小的事情，都能成為提升你運勢的材料。

4 讓我的魅力全開！「形象」課
案例4 在工作場合被輕視的煩惱

最終的追求是滿足「我自己」

當你變得「自我中心」，並開始關心自己時，你將發現自己在感到不快的同時，還能占到一時的便宜。不過比起利益，你會更希望甩掉那些持續令你感到的不愉快。

而且，那樣做也能讓你長期且將來的運勢好轉。這在臨床上也很清楚。

「那為什麼貪婪或狡猾的人會幸福又有錢呢？」

因為外面的「觀點」這麼認為，所以你也理所當然覺得這樣壞人得意，好人有損。不過，若是在你眼中覺得「為什麼」的那些人，在「意識」這點上又是如何呢？

不管這個人有多良善，只要是罪惡感強烈的人就無法變得幸福。畢竟他們會自己拒絕獲得幸福。

腦中或心裡充滿不平和不滿的人，大概也不會幸福。原因在於，這個人就算待在幸福的頂點，也會特地拾起煩惱的種子前行。

將「尋釁吵架」視為人生意義的人也不會成為有錢人。因為即使金錢就在他們眼前，只要出現吵架的機會，他們就會選擇吵架而不是金錢。畢竟就算互相仇視的兩個人想賺錢，但比起通力合作，他們更會情緒化地互相扯後腿。

另一方面，貪婪的人在舔著手指算錢時是怎麼樣的呢？在那個瞬間，他會因「賺錢」而感到滿滿當當的滿足感。如果他品嚐「賺錢」的滿足感、或是「正在賺錢」的樂趣的這段時間，遠比抱怨不平不滿的時間還多，那麼他會成為有錢人，也是超級正常的事。

無論那個人的惡言惡語有多傷人，只要他在挖空心思賺錢上所花費的時間量遠比罵人還多，這個人就會很擅長賺錢。

這不是「明明他是壞人。明明我是好人。」的問題。

偶爾用女王大人的心情看待事物

「什麼啊，是這樣嗎。簡單來說，只要滿足自己的時間長一點就好，對嗎？」

有一名年輕女性察覺了此事，並予以實行。

她曾經煩惱自己「在工作場合上被看不起」。

我請她再現當時那個「被看不起的場面」。

然後便立刻明白了原因。

她「會被看不起」，最大的原因是她透過虛假的笑容，來配合對方的步調以保持同步的態度。還有她會「嗯、嗯、嗯、嗯」地劇烈點頭，假裝開心地幫腔附和。

我為了讓她停止這些行為，而提供她以下建議：

- 實際體會鬆弛和緊張的差異，用身體去記憶放鬆的感覺
- 為了假裝成女王大人，去矯正姿勢，說話一個字、一個字慢慢說
- 在頷首時，也要模仿女王大人，慢悠悠地點一次頭

然後去充分感受這種愉悅感。這種愉悅感正是「自我價值的高度」。她深刻感受到自己至今為止卑躬屈膝的態度，並說「啊！是這個嘛！原來是這樣呀！能品嚐這種感覺真好。」

因為她掌握了**自己本身「價值貴重」的感覺**。

這項成效很快就顯現了出來。所有與她接觸的對象都為她自信滿滿的態度而折服。

用這麼簡單的方法，就能讓她周遭的環境逐漸好轉。

這種「幸福的形象」勝過周遭人等！

5

立刻恢復信心！「許願」課

案例5

若永遠都以對方的要求為優先

你的自我評價很低嗎？

並不是誰的錯。有時候，你周遭的環境會在不知不覺間「拉低你自己的價值」。

一個典型的例子，是在小本經營的家裡長大的孩子們。

比如說，父母親忙著在店面跟顧客打交道。這個時候，小孩拉著父母親的衣角，聆聽他們的話。

父母屢屢甩掉孩子們的手，也不會好好回頭看看孩子。只要他們這樣做，小孩就學到**「我的價值比別人低」**。

因此，就算進入社會，這些小孩也會有這樣的舉止：

- 因為我價值很低，所以我不得不忍耐
- 因為我價值很低，所以不得不優先考慮其他人

當然，這只是大致上的傾向，還請別有所誤解。

商場上，父母會以客人為優先。我只是想用這例子表示，即使是這種瑣碎的日常，也會讓孩子認定「自己沒有價值」。

還有這種案例。

父母親的工作一直不斷調職，全家每次都不得以跟著搬家。尤其是小孩會因父母的方便連連轉學。

小孩就站在小孩的立場上，拚命努力適應不斷變化的環境。

然而，不管他有多適應新環境而感到放心，也很快就轉學了。

在這種環境中的小孩會學到：

「無論我多努力找到我自己的生活，這些努力也沒有意義。突然間，我所構築

的事物就會單方面地被連根奪走。」

「從我開始」累積依賴對方的經驗

那麼，在這種環境下成長，確信「我的價值不高」的人們，又該怎麼做才能提高自己的價值呢？

答案是，**向對方「尋求合作、依賴、請託、求助」**。

自我評價愈低的人，愈是無法依賴對方。

當然，這裡的「依賴」指的不是讓你去被人命令、強迫、咆哮什麼的。而是到最後都和平、協調的一種「依賴方式」，這段依賴對方的時間本身，可被視為一段培育與對方之間信賴關係的寶貴時間。

舉例而言，對於同事或前輩，

「這一點我無論如何都無法搞懂，可以麻煩你教我嗎？」

試著這樣具體掌握無法理解的地方，並依賴他們吧。

「好為難，突然有急事要辦。剩下的資料輸入可以拜託你嗎？」

對於毫不在意你方不方便，就一個接一個把工作吩咐給你的上司，與其在忍耐遵從時內心積壓不滿，還不如直接告訴他：

「現在我正在做這份工作，所以可以等這件事完成了再說嗎？大概再十五分鐘就能結束了。」

有時則是依賴戀人或親近的人：

「對我來說，今天是一個特別的日子，所以希望我們可以一起度過。」

諸如此類，隨著依賴對方、向對方尋求合作經驗的累積，也恢復了自負心、自尊心，讓自己的價值更上一層樓。

與此同時，對方也會從你身上學會這種以主動「尋求合作、依賴、請託、求助」來提升自我價值的方法。

任誰都想感覺到人與人的「羈絆」

就像我們目前為止所提到的，所謂解除煩惱，其意思最後就是「愛我自己，解放我自己」。

並非可以硬逼自己去做不想做的事，也不是忍耐不做自己想做的事。你所期望的，是由你自己承認你希求的事物，並且為了達成你的願望而行動。

為此，你用真誠且坦率的心情，「向對方尋求合作、依賴、請託、求助」。這是自立自強。

請別搞錯了。這指的**絕對不是要你「在這嚴峻的社會獨自一人強大地活下去」**喔。

愈是打算一個人處理而堅持努力的人，最後愈會給各式各樣的人帶來麻煩。當你決定一個人做的時候，身心都會變得相當疲憊。即使再怎麼忍耐，也會開始想要依賴某個人。

從潛意識的觀點來說，為了這個「願望」，你下意識選擇了「失敗」。然後，你才能得以用「給人帶來麻煩的方法」，達成「想要跟人聯繫的願望」。

如前所述，在煩惱之中，不管是什麼場合，都隱藏著「想感受與人之間的羈絆」的欲望。只要有這種感覺就能滿足。

如果你是這麼想的人之一，那麼你就可以「向某個人傾訴煩惱，聊聊因此引起的問題」，並且將這段時間本身當成令彼此互相滿足的時間看待。

在問題發生時，解決此事的流程、與對方的交流、還有為此而產生的自我表現，都可能**成為感覺身邊羈絆的「幸福時光」**。

解決過程是建立良好關係的時機

要將煩惱轉變成「幸福時光」，以自我為中心的觀點是尤其不可缺的。

譬如說：

- 為了提升自己的價值，而主動推動事務
- 不是為了戰勝，而是為了消除自己的情緒而去自我表現
- 為了提高我的價值而「依賴」
- 當自己有錯的時候，為了捨棄罪惡感而鄭重道歉

特別是，在依賴對方時，那種低頭謙虛的感受很重要。

這種時候，如果有人覺得以謙虛的心情依賴對方是一種「恥辱」的話，大概會是因為自我評價低落的關係。

從心理上來說，就是這樣的意思。

覺得依賴別人很丟臉。比起被人嘲笑，不如自己一個人做。

因為熱血上湧，所以失敗率提升了，自信也逐漸消磨。

但是不想承認這件事，因此仍然一個人去做，打算一口氣挽回頹勢。可回頭一看，也還是搞砸了。

失敗的機率愈來愈高，人也愈發失去自信。

「謝謝」與「抱歉」多多益善

有一個一石二鳥的辦法，可以從這種死循環中脫身，又能提升自己的價值。

那就是，你在工作場合或家裡使用的「謝謝」兩字。

要把這個「謝謝」，全都當成「對我自己的感謝」。

「可以先回家了，謝謝（好好工作的我）。」

「謝謝你幫我。（也謝謝做得不錯的我）。」

面對討厭的人、不擅長應付的人，則是試著使用**「部分的感謝」**。

「（我超討厭你，而且決定只在工作上跟你接觸。所以單就你給我拿咖啡的這個部分）謝謝你幫我。」

「（你光是在我旁邊我就覺得不開心，但是）謝謝你聯繫我。」

鄭重道歉的時候，也是「為了我自己的道歉」。

為了不會感到罪惡感而低頭。

若事先懷抱罪惡感，那麼心理上大概會覺得自己的弱點被對方控制住了吧。感覺自己欠了對方一份情。

為了在心理上將這種罪惡感回歸白紙，**為了償還心理上的債務，為了抬頭挺胸的尊嚴**。只要想著這些事情再去道歉，就會打從心底湧現出想好好謝罪的心情。

綜上所述，我們可以透過平常使用的言語來提高自己的價值。

即使是不擅長應付的人也能奏效！

7

無論何時我都會保護自己！「聊天」課

案例7 對高壓主管百依百順

並不是因為「我沒有能力」

會令你煩心的問題，大部分都跟人有關。

假設這裡有一名正在煩惱「自己沒有能力」的人。雖然你會覺得這項煩惱只是當事人自己的問題，但最後真的是這樣嗎？

如果這個人會煩惱「自己沒有能力」，那不就是因為在這個人身邊，**有一個讓他如此認知的環境，或是傳達這個訊息給他的人嗎？**

比如說，職場上，一名非常高壓的主管叱責你：

「我說過不是這樣了，你到底要我說幾次？真是個蠢蛋！」

你因為他那氣勢洶洶的態度而畏畏縮縮，什麼也說不出口。

高壓的主管看到你這個樣子後「乘勝追擊」：

「那個案子怎麼樣了！到底在做什麼啊。趕快拿來給我看，沒用的東西！」

於是你就更畏縮膽怯。你的態度觸到主管的逆鱗，讓他更想大罵。若以主管的立場來看，他「變得想做這件事」了。

換個方式說，你讓他叱責了。

即使你掐滅自己反抗的情緒，主管也還是會想要攻擊你。這就是「關聯性」。

這時要是你囫圇吞下主管的言論，認定「自己是個蠢蛋，沒有能力」，那麼你的自信就會接連不斷地消失。

另一方面，你覺得：

「是嗎，我並非沒有能力。**是我自己害怕、畏懼主管的態度，令主管叱責**

了我。本來這個人就只知道傷人的說話方式。**因為這種關聯性，我才會認為自己沒有能力。」**

如果你這麼想，那麼你能做的不是去質疑自己的能力，而是當機立斷地決定「改變這種關聯性」。

為了改善不恰當的「關聯性」

你本來就「不是蠢蛋，也不是沒能力」。

你未曾察覺這段讓你這麼認為的關聯性才是問題。

即使主管是多麼過分的人，也要將這件事視為「自己的問題」而受傷，這意味著**「這裡有一個不願保護自己的我」**。

雖然想事先強調，不過問題不是你很沒用，而是你在那段關聯性中「不曾保護自己」。

如果你注意到這件事的話，這次你反而可以透過那個讓你失去自信的人，來學習「恢復自信」的課程。

舉個例，在被叱責時，

「『蠢蛋、沒用』什麼的，真是過分的說法。」

即使顫抖也要說出這一句話，藉由這句話可以有所表現。

「那又怎樣！如果不想被這麼說，你就給我再努力一點啊！」

或許之後對方會這麼大罵也說不定。

但是，你不用理會這些話語。

你只需顧著將自己想說的話做為目標，

「你看，你又說這種過分的話了。無動於衷地傷害別人。我實在忍受不了你這一點。請不要再說第二次了。」

像這樣無數次控訴「這份痛苦」，然後離開現場就好。

整體而言，有什麼理由要讓你受了傷還得待在原地呢？

要優先對待自己的感情，如果透過電話跟對方交談、聆聽對方說話會令你痛苦，那掛斷電話也無所謂。

跟別人一起出遊時，如果跟他待在一起會讓你難受，那麼當場分別也沒關係。

會動搖對方的心的是感情。感情的語言化最能影響對方的心。

若是你像這樣表現出自己的情感，然後離開對方，那麼對方的心因此受到衝擊也不意外。

就算對方假裝平靜，這件事也刻入他潛意識的深處之中，成為一個改變對方的契機。

現在就「說出口」，既能療癒過去，也能創造未來

至今為止，儘管你受了傷，也無法「靠自己保護自己」。

這個你**「說了出口！」**

在「說出口的瞬間」，到目前為止，連同你過去的傷口，全都同時得到了

說出口的瞬間，有什麼改變了！

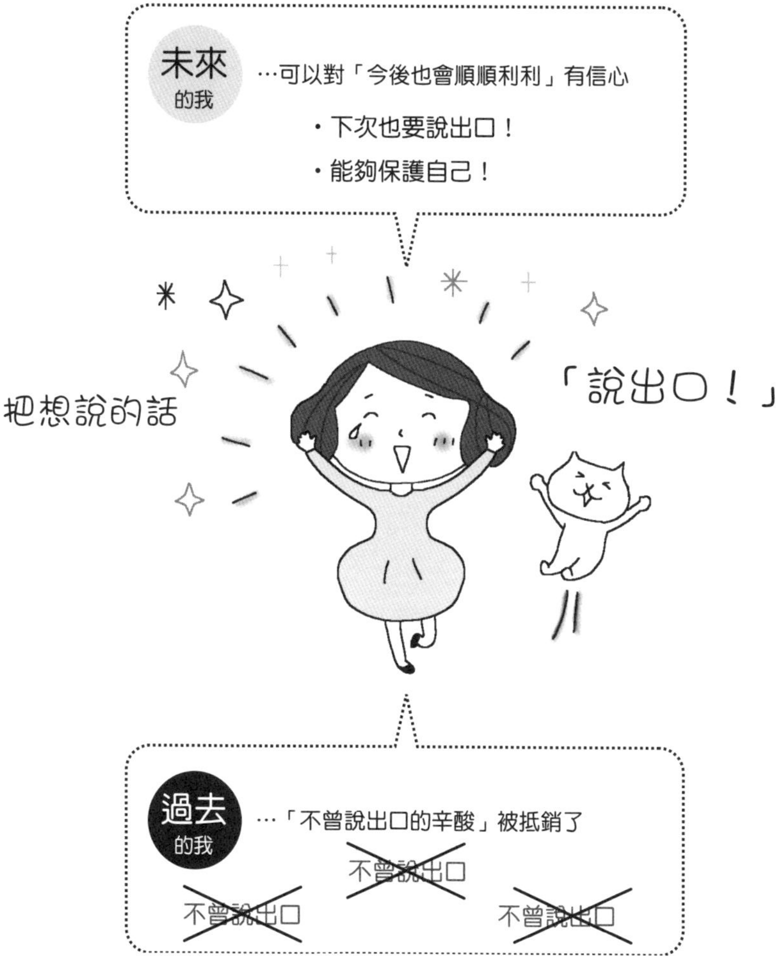

醫治。

原因在於，你的過去應該也有很多類似的場景。然而在這種種場景之中，你都不曾得以守護自己。

因為正當你「現在說出口」的這個瞬間，**過去「未曾做到」的經驗，都被「做到了！」給更新替換**。

與此同時，在你做到這件事的瞬間，你也**收穫了未來「靠自己保護自己」的方法**。

不只如此。

如同前例，你像這樣愈去實踐「自我中心」，就愈能夠改變對手。因為只要你愛著自己，對方也就能透過你學習愛自己的方法。

當你「解放自己」時，也會教給對方解放自己的辦法。

若你實踐「保護自己」的方法，對方就會學習這套方法。

如果你展示自己「以自己為中心思考而獲得幸福」的實例，對方或你身邊的人都會掌握得到幸福的祕訣。

像這樣，至今本書各章節所述的那些解決煩惱的流程，全部都會通往「愛我自己」、「釋放我自己」。「我保護我自己」也一樣。

只要能做到這些，你的未來也同樣有保障。

換言之，**正是因為處於煩惱狀態，「讓我幸福」的種子才得以散落其中。**

【著者紹介】

石原加受子（Ishihara Kazuko）

- 心理諮商師。提倡「自我中心心理學」的「All is One」心理諮商研究所負責人。日本心理諮商學會會員、日本心理衛生學會會員、日本療癒紓壓協會前任理事、日本厚生勞動省所認證之「創造健康與生存價值」顧問。
- 連續二十年以上，運用整合「思考、情緒、五感、想像、呼吸、聲音」的獨創心理學，針對改善個性、人際關係、親子關係等問題舉辦講座、團體工作坊、諮商活動，為許多因煩惱所苦的男女老少提供建議。目前其發行的免費電子報《樂活！石原加受子的「自我中心」心理學》（暫譯）也廣受好評。

- 著有《嘴巴是別人的，人生才是自己的》、《面對婚姻，女人要勇敢做自己！》（以上台灣東販）、《人生很長，最重要的是自己》、《人生很長，想要好好在一起》（皆為八方出版）、《擁抱脆弱，你會更堅強》（時報出版）等，著作甚豐。

【All is One】
〒167-0032　東京都杉並区天沼3-1-11　Highcity荻窪大樓1樓
TEL 03-3393-4193
【作者網站】
http://www.allisone-jp.com/

煩惱，是因為不夠愛自己！

2019年10月15日初版第一刷發行

作　　者　石原加受子
譯　　者　劉宸瑀、高詹燦
編　　輯　吳元晴
發 行 人　南部裕
發 行 所　台灣東販股份有限公司
　　　　　＜網址＞www.tohan.com.tw
法律顧問　蕭雄淋律師
香港發行　萬里機構出版有限公司
　　　　　＜地址＞香港鰂魚涌英皇道1065號東達中心1305室
　　　　　＜電話＞2564 7511
　　　　　＜傳真＞2565 5539
　　　　　＜電郵＞info@wanlibk.com
　　　　　＜網址＞http://www.wanlibk.com
　　　　　　　　　http://www.facebook.com/wanlibk
香港經銷　香港聯合書刊物流有限公司
　　　　　＜地址＞香港新界大埔汀麗路36號
　　　　　　　　　中華商務印刷大廈3字樓
　　　　　＜電話＞2150 2100
　　　　　＜傳真＞2407 3062
　　　　　＜電郵＞info@suplogistics.com.hk

TOHAN